D1670214

Alexander Kiensch

Psychologische Literatur

Psychologische Grundlagen
der Figurenzeichnung
im Schaffen Patrick Süskinds

Bachelor + Master
Publishing

Kiensch, Alexander: Psychologische Literatur: Psychologische Grundlagen der Figurenzeichnung im Schaffen Patrick Süskinds, Hamburg, Bachelor + Master Publishing 2013
Originaltitel der Abschlussarbeit: Literatur und Psychologie · Psychologisches Hintergrundwissen und literarische Techniken im Schaffen Patrick Süskinds

Buch-ISBN: 978-3-95549-328-8
PDF-eBook-ISBN: 978-3-95549-828-3
Druck/Herstellung: Bachelor + Master Publishing, Hamburg, 2013
Zugl. Universität Leipzig, Leipzig, Deutschland, Bachelorarbeit, September 2011

Bibliografische Information der Deutschen Nationalbibliothek:
Die Deutsche Nationalbibliothek verzeichnet diese Publikation in der Deutschen Nationalbibliografie; detaillierte bibliografische Daten sind im Internet über http://dnb.d-nb.de abrufbar.

© Bachelor + Master Publishing, Imprint der Diplomica Verlag GmbH
Hermannstal 119k, 22119 Hamburg
http://www.diplomica-verlag.de, Hamburg 2013
Printed in Germany

Inhaltsverzeichnis:

1. Einleitung.. 1

2. Das Werk.. 3

   2.1 Texte vor *Das Parfum*.................................. 3

   2.2 Texte nach *Das Parfum*................................. 5

3. Fallanalysen.. 9

   3.1 *Der Kontrabaß*... 9

      3.1.1 Figurencharakterisierung........................... 11

      3.1.2 Literarische & psychologische Aspekte.............. 14

   3.2 *Die Taube*... 19

      3.2.1 Figurencharakterisierung........................... 21

      3.2.2 Literarische & psychologische Aspekte.............. 25

4. Vergleichende Analyse.................................... 31

   4.1 Kontinuitäten im Werk................................... 31

   4.2 Unterschiede & Entwicklungen............................ 34

5. Zusammenfassende Betrachtung.............................. 38

   Siglenverzeichnis... 40

   Literaturverzeichnis...................................... 41

1. Einleitung

Als Patrick Süskind im Jahre 1985 seinen Roman *Das Parfum* veröffentlichte, löste er eine Welle der Begeisterung und des Erfolges sowohl bei Presse als auch Publikum aus, wie sie nur mit wenigen anderen Ereignissen in der neueren Literaturgeschichte vergleichbar ist. Das Buch wurde „bereits 1994, vor Erscheinen des Taschenbuches, in über 30 Sprachen über-setzt"[1] und avancierte „mit über 8 Millionen Exemplaren zum zweitmeistverkauften deutsch-sprachigen Roman des 20. Jahrhunderts"[2]. So sicherte sich der Autor, der 1949 am Starnber-ger See geboren wurde, endgültig einen Platz an der Spitze der deutschsprachigen Literatur-szene.

Über die rein ökonomischen und gesellschaftlichen Folgen hinaus lässt sich der große Ein-fluss, den *Das Parfum* auf seine Zeit ausgeübt hat, auch an der seit damals stattfindenden Forschungstätigkeit erkennen: Kaum ein Roman wurde in so kurzer Zeit von so vielen Litera-turwissenschaftlern analysiert, interpretiert und auf vielfältigste Art und Weise in einen histo-rischen, literarischen und philosophischen Kontext eingebettet. Die Menge der einzelnen Arbeiten über den Roman ist kaum überblickbar; und auch die Zahl der jeweiligen Schwer-punktsetzungen differiert stark.

So vielseitige Untersuchungen es dazu auch gibt, lässt sich der Hauptstandpunkt der meisten Arbeiten jedoch in eine bestimmte Richtung verfolgen: *Das Parfum*, ebenso wie die Novellen und Dramen Süskinds, wird von den meisten Kritikern und Theoretikern als ein typisches Produkt der literarischen Postmoderne angesehen.

Die Definition dieses Begriffes wiederum ist eine bis heute sehr strittige Angelegenheit, die durchaus einer eingehenderen Untersuchung bedürfte, hier jedoch nur knapp angerissen werden soll. Es soll bei der Notiz bleiben, dass es eine ganze Reihe teils stark abweichender Meinungen und Einordnungsversuche gibt, die in den letzten Jahrzehnten unternommen wurden. Orientiert man sich am Metzler Literaturlexikon und nimmt als ein Hauptmerkmal der Postmoderne den „Pluralismus von Wissensmodellen und Kunstformen"[3] an, so eröffnet sich bereits ein Hinweis auf die Themensetzung, die in dieser Arbeit eine zentrale Rolle spielen soll.

Denn um die Einordnung und Interpretation eines Werkes korrekt nachvollziehen zu können, scheint es unerlässlich, über den einzelnen Text hinaus eine Untersuchung der verschiedenen Veröffentlichungen des Autors anzustreben. Im intertextuellen Vergleich – gerade bei einem

---

[1] Freudenthal, David: *Zeichen der Einsamkeit. Sinnstiftung und Sinnverweigerung im Erzählen Patrick Süskinds*. Hamburg: Verlag Dr. Kovač, 2005: S. 3

[2] Ebd.

[3] Burdorf, Dieter u.a. (Hrsg.): *Metzler Lexikon Literatur*. Stuttgart: Verlag J. B. Metzler, 2007: S. 602

Autor wie Patrick Süskind – eröffnet sich stets die Möglichkeit, Kontinuitäten oder Veränderungen, bemerkenswerte Entwicklungen in den literarischen Techniken, der Erzählweise oder der Art der Figurenpsychologisierung, zu entdecken. So soll das Hauptaugenmerk dieser Arbeit nicht auf dem inzwischen beinahe zerredeten Roman *Das Parfum* liegen, sondern, wiewohl ausgehend von diesem sicherlich zentralen Werk im Schaffen Süskinds, auf seine Novellen und Dramen fokussiert bleiben. *Das Parfum* bleibt dabei der Angelpunkt, um den sich die Betrachtung seiner weiteren Werke dreht. Insbesondere das Drama *Der Kontrabaß*, als typisches Beispiel für ein Werk vor, und die Novelle *Die Taube* als Beispiel für ein Werk nach besagtem Angelpunkt stehen dabei im Zentrum der Untersuchung.

Doch diese Arbeit soll sich keinesfalls auf die ganz allgemeinen Aspekte der Frage beschränken, ob Süskinds Werk in die Postmoderne eingeordnet werden kann oder nicht; sondern, quasi als Konterkarierung der Ausweitung der Untersuchungsobjekte von einem Roman auf eine ganze Werkreihe, soll sie sich auf die Frage spezialisieren, inwieweit die Anwendung konkreter psychologischer Theorien und Modelle in der Figurencharakterisierung eben dieser Texte zu erkennen ist. Denn die zunehmende Orientierung an psychologischem Wissen in der postmodernen Literatur ist wohl kaum von der Hand zu weisen, und gerade bei einem Autor, der Protagonisten wie „Jean-Baptiste Grenouille, Jonathan Noel und Herrn Sommer"[4] agieren lässt, die ja bis zu einem gewissen Grad durch ihre bloße charakterliche Situierung die Geschehnisse und Entwicklungen ihrer Geschichten determinieren, dürfte die Frage, inwieweit hier tatsächlich fundierte psychologische Kenntnisse in den Aufbau und die Darstellung der Figuren eingeflossen sind, eine große Bedeutung haben.

Die Untersuchung der psychologischen Situierung der Figuren – natürlich vorrangig aus literaturwissenschaftlicher Perspektive – soll also das Zentrum dieser Arbeit bilden. Dabei wird die Frage zu klären sein – immer unter der Vorraussetzung, dass die tatsächlich nachweisbare Anwendung psychologischer Theorien in den Texten vorliegt – welcher bestimmten Strömung innerhalb der Psychologie diese Anwendungen folgen oder ob es vielleicht einen Pluralismus auch auf diesem Gebiet gibt. Auf die näheren Aspekte dieser Fragestellung und der damit verbundenen Inhalte – möglicherweise angewandte Modelle, theoretische Grundlagen für textlich realisierte Details – soll an geeigneter Stelle eingegangen werden. Zunächst einmal möchte ich die Frage klären, weshalb gerade die beiden Texte *Der Kontrabaß* und *Die Taube* von mir als beinahe prototypische Beispiele für die nähere Analyse herangezogen werden sollen. Dazu im Folgenden ein kurzer Überblick über Patrick Süskinds Schaffen.

---

[4] Freudenthal, David: *Zeichen der Einsamkeit. Sinnstiftung und Sinnverweigerung im Erzählen Patrick Süskinds.* Hamburg: Verlag Dr. Kovač, 2005: S. 1 f.

2. Das Werk

An biographischem Hintergrundwissen gibt es sehr wenig über Patrick Süskind zu finden. Er lebt sehr zurückgezogen, verweigert sich Interviews und scheut allgemein das Licht der großen Öffentlichkeit. Will man also eine – zunächst – rein historisch angelegte Verfolgung seines literarischen Schaffens starten, ist man auf wenige Informationen über frühe Beteiligungen vor allem an Fernsehproduktionen angewiesen, bei denen er sich sozusagen für den größeren Kunstbetrieb etablierte.

Süskinds Werk lässt sich grob in einige verschiedene, sehr weitläufige Bereiche unterteilen. So ist er über den gesamten Verlauf seiner Karriere hinweg immer wieder als Drehbuchautor aufgetreten, hat in den 1980er-Jahren Drehbücher für verschiedene Episoden mehrerer Fernsehserien verfasst und war auch an der Erstellung der Filmdrehbücher zu *Rossini – oder die mörderische Frage, wer mit wem schlief* und *Vom Suchen und Finden der Liebe* beteiligt.

Daneben verfasste er jedoch ebenso Dramen, Novellen, Kurzprosa und, wohl kaum nötig zu erwähnen, natürlich seinen berühmten Roman *Das Parfum*. Als „Vielschreiber" kann man ihn wohl dennoch nicht zwingend bezeichnen, erfolgten seine Veröffentlichungen doch stets im Rhythmus mehrerer auseinander liegender Jahre.

Um nun aber einen Grundstein für die Frage zu legen, inwieweit sich literarische Techniken und psychologisches Hintergrundwissen im Schaffen Süskinds verändert oder etabliert haben mögen, soll hier nun ein kurzer Abriss seiner Veröffentlichungen erfolgen.

2.1 Texte vor *Das Parfum*

Wie bereits erläutert, soll der Roman *Das Parfum* als Angelpunkt dieser Arbeit fungieren - der große Erfolg dieses Werkes in der Öffentlichkeit, wenn schon nicht die doch stark subjektive literarische Wertsetzung, soll Begründung dafür sein, seine anderen, hier im Mittelpunkt stehenden Werke am Erscheinen dieses Romans zu orientieren. Da *Das Parfum* bereits 1985, also durchaus noch in einer relativ frühen Phase seiner Karriere, erschien, eröffnet sich hierdurch die Möglichkeit, eine Frühphase seines Schaffens mit einer mittleren bis späteren Phase zu vergleichen – insofern dies von einem Autor gesagt werden kann, der immer noch im Schaffen begriffen ist.

Süskinds erste an die Öffentlichkeit getragene Arbeiten (wenn dies auch noch auf indirektem Wege geschah) sind Drehbücher, die er zumeist in Gemeinschaftsarbeit mit dem Autor Helmut Dietl verfasste. Bereits Anfang der 80er-Jahre entstanden so Texte, die als Vorlage für Fernsehserien dienten, wenn dies auch jeweils nur für wenige Episoden geschah. Die meisten dieser Werke sind Auftragsarbeiten, ein Umstand, dessen Bedeutung für die hier getroffene

Auswahl der näher untersuchten Texte an späterer Stelle noch einmal kurz angerissen werden soll.

Zeitgleich zu dieser Annäherung an das Fernsehen eröffnete sich der Autor aber auch die Wege zum Theater. Sein so genannter Durchbruch gelang ihm mit dem „sehr erfolgreichen Ein-Personen-Stück Der Kontrabaß"[5], welches laut einer editorischen Notiz Süskinds „im Sommer 1980"[6] entstand und nur „ein Jahr später, am 22. September 1981"[7], am Theater in München uraufgeführt wurde. Das Stück feierte über Jahre hinweg große Erfolge, „zählte auch noch nach zehn Jahren zu den erfolgreichsten deutschen Stücken"[8] und sicherte Patrick Süskind einen festen Platz im deutschsprachigen Kulturbetrieb.

Der Kontrabaß erzählt dabei keine große Geschichte, sondern beschränkt sich auf einen langen Monolog der Hauptfigur, die über ihr Dasein, ihre Nöte, Ängste und Sehnsüchte reflektiert. Da diese zentrale Person, ein junger Mann, als Kontrabassist im Staatsorchester beschäftigt ist und in dieser Funktion auch bis zu einem gewissen Grad den Sinn seines Lebens sieht, orientiert sich dieses dramatische Werk in vielerlei Form an musikalischen Fixierungspunkten: Auf einer Ebene wird der Monolog immer wieder von musikhistorischen oder theoretischen Ausführungen unterbrochen, denen die Hauptfigur nachhängt. Von einigen Literaturkritikern wird darüber hinaus auch dahingehend argumentiert, der Text sei von musikalischen Grundmotiven geleitet, sei also nicht nur in Hinsicht auf seine Aufführung am Theater als Bühnenstück, sondern ebenso als Hörspieltext interpretierbar. Dazu passt, dass *Der Kontrabaß* tatsächlich ebenfalls als Hörspielfassung veröffentlicht wurde – die „Erstausstrahlung des Hörspiels durch den Westdeutschen Rundfunk [...] datiert auf den 11. 10. 1981"[9], ist also zeitlich nur marginal von der Uraufführung des Theaterstückes in München getrennt.

Neben dieser großen Erfolgswirkung, die schon *Der Kontrabaß* von seiner Veröffentlichung an erreichte, liegt ein Grund für seine Eignung zum prototypischen Süskind-Beispiel auch in der Themensetzung, die geradezu paradigmatisch für das gesamte Schaffen des Autors ist: Es geht um die Einsamkeit und um Gründe dafür, wie ein Mensch in diese Einsamkeit hinein geraten konnte ebenso wie um die Möglichkeiten oder Unmöglichkeiten, aus dieser sozialen, zuweilen emotionalen Isolation herauszukommen. Dieses Motiv, das sich an Jean-Baptiste Grenouille in *Das Parfum* ebenso wieder findet wie bei Jonathan Noel in *Die Taube*, dürfte

---

[5] Freudenthal, David: *Zeichen der Einsamkeit. Sinnstiftung und Sinnverweigerung im Erzählen Patrick Süskinds*. Hamburg: Verlag Dr. Kovač, 2005: S. 3
[6] Süskind, Patrick: *n. n. (Biographische Notiz)*. In: *Theater / heute (11)*, 1981: S. 42
[7] Degler, Frank: *Aisthetische Reduktionen. Analysen zu Patrick Süskinds ,Der Kontrabaß', ,Das Parfum' und ,Rossini'*. Berlin: de Gruyter, 2003: S. 17
[8] A. a. O.: S. 19
[9] Ebd.

als ein zentrales Leitthema fungieren. Diese Behauptung nachzuweisen freilich, ist Aufgabe späterer Ausführungen.

Daneben spielt auch die Tatsache eine Rolle, dass *Der Kontrabaß* als einziges Werk seines frühen Schaffens keine Auftragsarbeit war. Zwar wäre die Behauptung, literarische oder allgemein künstlerische Auftragsarbeiten seien in den meisten Fällen weiter von den wahren Intentionen eines Künstlers entfernt, allzu verallgemeinernd und bedürfte einer eigenen wissenschaftlichen Verfolgung. Doch die inhaltliche und formale Situierung dieses Werkes (auf die an späterer Stelle genauer eingegangen werden soll) prädestiniert es geradezu für die Rolle eines Schlüsseltextes zum Verständnis von Süskinds Schaffen. Die psychologischen Aspekte, die im Monolog dieses einsamen Mannes immer wieder durchscheinen – und die sich, um der späteren Beantwortung einer der Hauptfragen dieser Arbeit voraus zu greifen, vornehmlich tiefenpsychologisch definieren und verankern lassen – erweisen sich ebenfalls als von solcher Komplexität, dass es einer genaueren Untersuchung benötigt, um ein korrektes Verständnis dieses dramatischen Werkes zu erlangen.

Das erste größere Werk, das nach *Der Kontrabaß* von Süskind veröffentlicht wurde, war *Das Parfum*. Ein Überblick über diese erste Phase, die sich vorrangig durch Fernseharbeiten auszeichnete, ist damit also gegeben. Um die Entwicklung im Schaffen Süskinds nachzuvollziehen, wenden wir uns nun also den Werken zu, die er nach seinem Erfolgsroman veröffentlichte.

2.2 Texte nach *Das Parfum*

Als eine besonders zu erwähnende Veränderung, die nach dem Welterfolg seines Romans eintrat, ist zunächst zu bemerken, dass Süskind sich immer weniger mit dem Verfassen oder auch nur der Beteiligung an Fernsehdrehbüchern beschäftigte. Sicherlich lässt sich dieser Umstand mit der Tatsache erklären, dass er auf diese Art des Lebensunterhalts nicht mehr zwingend angewiesen war. Erst 1997 wandte er sich wieder dem Drehbuch zu, als er zusammen mit Helmut Dietl *Rossini – oder die mörderische Frage, wer mit wem schlief* verfasste.

Die erste eigenständige Arbeit, die nach *Das Parfum* erschien, war die Novelle *Die Taube*, deren Erstausgabe im Jahre 1987 veröffentlicht wurde. Wie die meisten seiner Werke erfuhr auch sie ausführliche Besprechungen in den Feuilletons der führenden Zeitungen – und wie schon *Der Kontrabaß* und *Das Parfum* konnte auch sie zum größten Teil positive Kritiken einstreichen.

Die Novelle gibt, ähnlich wie das Theaterstück *Der Kontrabaß*, einen Einblick in das Innenleben des Hauptprotagonisten. Jonathan Noel, so der Name der Hauptfigur, ist ein älterer

Herr, der seit vielen Jahren als Wachmann in einer Bank arbeitet. Das Ereignis, das sein Leben auf fürchterliche Weise auf den Kopf stellen soll, ist nichts anderes als die unerwartete Begegnung mit einer Taube auf dem Flur seines Hauses.

Die Parallelen zu seinem erfolgreichen Theaterstück, so viel sei bereits an dieser Stelle bemerkt, sind auffallend: Die Handlung ist in ihrer temporalen und lokalen Situierung stark minimalisiert, ebenso beschränkt sich das Figurenarsenal auf eine möglichst kleine Gruppe. Die Geschichte selbst wird nicht oder kaum durch äußere Einflüsse geleitet, sondern entwickelt sich aus der psychischen Haltung der Protagonisten.

Der Text orientiert sich „am klassischen Novellenschema"[10], bricht dieses jedoch zuweilen durch „Süskinds subtile Ironie"[11] auf – so sei die „,unerhörte Begebenheit' das entscheidende Charakteristikum dieser Form von Prosa"[12]. Dass aber hier eine unerhörte Begebenheit in etwas so Alltäglichem wie dem Auftauchen einer Taube besteht, zeigt nicht nur die erwähnte ironische Brechung Süskinds auf, sondern lässt sich auch gleich als erster von vielen mehr oder minder im Text versteckten psychologischen Hinweisen deuten. So stellt auch *Die Taube* wieder ein typisches Beispiel für das erzähltechnische Vorgehen Süskinds in seinen Werken dar.

Nach der Veröffentlichung dieser Novelle blieb es einige Jahre still um den Autor, bevor er im Jahre 1991 wieder eine Novelle ans Licht der Öffentlichkeit brachte, diesmal eine stilistisch stark an Kinderliteratur angelehnte Geschichte mit dem Titel *Die Geschichte von Herrn Sommer.*

Die Kritiken zu diesem Werk „sind in den Feuilletons weniger positiv ausgefallen, als seine vorhergehenden Texte"[13], was möglicherweise mit der formalen aber auch inhaltlichen Abweichung von diesen früheren Werken zusammenhängt.

Die Geschichte von Herrn Sommer erzählt eine Kindheitserinnerung aus einer ländlichen Gegend – eine Kindheit, die durch die Begegnung und vor allem den Verlust eines Herrn Sommers, über den man eigentlich nichts außer seinem Namen weiß, tief geprägt wird. Wieder geht es hier um Einsamkeit und Isolation von der Umwelt, doch ist diesmal der Standpunkt des Erzählers ein ganz anderer – diesmal nämlich wird in der Ich-Form eines Kindes erzählt, das besagtem Herrn Sommer zufällig begegnet. Durch diese Distanz und durch die Tatsache, dass die Erzählerfigur neben der Geschichte des Herrn Sommer noch eine ganze Menge weiterer, davon mehr oder weniger unabhängiger Erlebnisse zu überstehen hat, erfolgt

---

[10]   Freudenthal, David: *Zeichen der Einsamkeit. Sinnstiftung und Sinnverweigerung im Erzählen Patrick Süskinds.* Hamburg: Verlag Dr. Kovač, 2005: S. 104
[11]   Ebd.
[12]   Ebd.
[13]   A. a. O.: S. 18

im Vergleich zu den früheren Werken eine deutliche thematische Schwerpunktverschiebung, ohne indes vollständig vom alten Kern Süskindscher Erzählungen abzulassen.

Diese Hybridität der Geschichte wurde sowohl in Kritiken und Rezensionen als auch in Sekundärwerken als wichtiger Bestandteil zum Verständnis dieses Textes aufgegriffen: „Die Erinnerungsgeschichte über die eigene Kindheit mit dem obligatorischen und letztendlich überhaupt Spannung schaffenden Geheimnis, ist durch eine seltsame Mischung geprägt."[14] Diese Mischung besteht einerseits aus der sprachlichen Gegenüberstellung erwachsener Perspektive und kindlicher Interpretationen – denn der Zeitpunkt des Erzählens liegt ja in einer Gegenwart, in der der Erzähler als erwachsener Mensch auf seine Kindheit zurückschaut – und andererseits, als wesentlich interessanterer und wohl auch zentralerer Punkt, in der Gegenüberstellung der ausführlich erläuterten kindlichen Probleme und den höchstenfalls angedeuteten Sorgen und Qualen des Herrn Sommer.

Dass *Die Geschichte von Herrn Sommer* mit dem vom kindlichen Erzähler beobachteten Selbstmord des Herrn Sommer endet, ist dabei als intensivierte Konsequenz der vorhergegangenen Geschichten beinahe unumgänglich. Im krassen Unterschied zu den erfolgreichen Stücken *Der Kontrabaß* und *Die Taube* wird dem Leser hier jedoch kein einziger Blick ins Innenleben der implizierten Hauptfigur gestattet. Alles, was der Leser erfährt, erfährt er durch das naive Gebaren und Denken des Kindes.

In diesem Sinne findet die Geschichte ihren Höhepunkt in einer Szene im Wald: Der Kind-Erzähler ist auf einen Baum geklettert, um, entnervt von der Welt und ihren Anforderungen an ihn, Selbstmord zu begehen. Oben angekommen zögert er jedoch lange genug, um Zeuge zu werden, wie Herr Sommer sich ausgerechnet unter diesem Baum zu einer kurzen Pause von einer Wanderung niederlegt. Diese Stelle dürfte die intensivste sein, wenn es um das Seelenleben Herrn Sommers geht: „[...] er stieß, kaum daß er lag, einen langen, schauerlich klingenden Seufzer aus – nein, es war kein Seufzer, in einem Seufzer klingt schon Erleichterung mit, es war eher ein ächzendes Stöhnen, ein tiefer, klagender Brustlaut, in dem sich Verzweiflung und die Sehnsucht nach Erleichterung mischten. Und ein zweites Mal dieser haarsträubende Laut, dieses flehentliche Stöhnen wie von einem schmerzgequälten Kranken, und abermals keine Erleichterung, keine Ruhe, keine einzige Sekunde des Ausruhens [...]" (*DGvHS*, 104 f.).

Doch selbst hier wird kein tatsächlicher Einblick in die tieferen Gründe für das offenkundige Leiden Herrn Sommers erlaubt, nein, der Erzähler beschränkt sich auf die Beschreibung physischer Geschehnisse, in die er einzelne eigene Interpretationen mischt. Einer eindeutigen

---

[14]   A. a. O.: S. 109

Deutung oder auch nur Vermutung entzieht sich der Text an jeder Stelle. Mehr noch: Hier wird durch den „Kontrast zwischen dem naiven Selbstmordgedanken des Jungen und den Qualen und dem Suizid Sommers"[15] eine Relativierung früherer psychologisch fundierter Grundgedanken in Texten wie *Die Taube* vorgenommen. Und in dem einzigen, möglicherweise erklärenden Satz, den Herr Sommer spricht, steckt zugleich sehr viel von Süskinds eigenem Verhalten der Öffentlichkeit gegenüber, sodass hier beinahe zwingend auf eine selbstreflexive Darstellung gepocht werden kann: „„Ja so laßt mich doch endlich in Frieden!'" (*DGvHS*, 129)

Dies ist natürlich ein höchst interessantes Phänomen, das durchaus einer genaueren Besprechung wert wäre. Im Hinblick auf die Ziele dieser Arbeit jedoch scheint sich *Die Geschichte von Herrn Sommer* aber weniger zu eignen. Ausgehend von den Intentionen und Techniken in *Das Parfum*, lässt sich wohl anhand der Novelle *Die Taube* deutlicher aufzeigen, welche Mittel Patrick Süskind zur Psychologisierung seiner Figuren verwendete. Die Verwerfung früherer Techniken im Falle des Herrn Sommer ist jedoch wohl unbestreitbar von solch grundlegender Bedeutung für die Entwicklung des Autors, dass sie im Kapitel 4 dieser Arbeit noch einmal aufgegriffen und näher beleuchtet werden wird.

Allerdings soll an dieser Stelle trotz der etwas ausführlicheren Besprechung seiner beiden dem *Parfum* folgenden Novellen nicht versäumt werden, auch Süskinds weitere Werke einer kurzen Betrachtung zuzuführen.

Nach der Veröffentlichung und, wie bereits erwähnt, eher negativen Aufnahme der Novelle *Die Geschichte von Herrn Sommer* dauerte es wieder einige Jahre, bis Süskind neue Veröffentlichungen vornahm. Zunächst erschien 1995 eine Sammlung von Erzählungen unter dem Titel *Drei Geschichten*. Hier sind drei kurze Erzählungen vereint, die sich vorrangig wieder mit der psychischen Situation und dem Hinterfragen als selbstverständlich angenommener Lebensentwürfe beschäftigen. Hier wird bereits deutlich, dass sich Süskind immer mehr mit seiner eigenen Situation beschäftigt bzw. den Fragen nachspürt, ob und wie Kunst und Künstler den Sinn ihrer Existenz rechtfertigen können. Die früher allgemeine Frage nach der Sinnhaftigkeit des menschlichen Alltags wird hier immer mehr auf philosophische Betrachtungen der Kunst, insbesondere natürlich der Literatur, spezialisiert.

Mit diesem Band ist, zumindest bis zum heutigen Tage, mehr oder minder ein Ende des Süskindschen Erzählens eingeläutet. Im Jahre 2006 veröffentlichte er ein Essay mit dem Titel *Über Liebe und Tod*, in dem er über die Rolle von Liebe und Tod in der Literatur und Kunst spricht – ein Thema also, dem er sich zuvor selbst ausgiebig gewidmet hatte.

---

[15] A. a. O.: S. 111

Neben den bereits erwähnten Filmdrehbüchern, die er zusammen mit Helmut Dietl verfasste, lässt sich nach diesem Zeitpunkt jedoch keine weitere Veröffentlichung mehr datieren. Es dürfte an dieser kurzen Übersicht deutlich geworden sein, dass sich *Das Parfum* als Angelpunkt zwar durchaus in einer frühen Phase seines Schaffens befindet, jedoch deswegen keinesfalls als solcher verworfen werden muss. Viel mehr scheint es zu diesem Zeitpunkt, dass die Novelle *Die Taube* als fließender Übergang hin zu den Meta-Betrachtungen des eigenen Werkes anzusehen ist, als welche Texte wie *Die Geschichte von Herrn Sommer*, besonders aber schließlich die *Drei Geschichten* interpretiert werden können.

Aus diesem Grunde scheint *Die Taube* wohl der interessanteste Ansatz, die Kontinuitäten und Entwicklungen in Süskinds Schaffen nachzuvollziehen. Dazu soll im Folgenden im Detail auf literarische Erzähltechniken und psychologische Anwendungen zur Charakterisierung der Figuren zunächst im Drama *Der Kontrabaß* und dann in der Novelle *Die Taube* eingegangen werden.

3. Fallanalysen

Um also die literarischen und psychologischen Techniken Süskinds zu analysieren, wenden wir uns nun den beiden zur näheren Untersuchung bestimmten Texten zu. Das Drama *Der Kontrabaß* soll dabei als Vertreter der Phase vor Erscheinen des Romans *Das Parfum* gelten. Dieses Werk soll ebenso wie die spätere Novelle *Die Taube* mit dem Fokus auf den Verfahren zur Charakterisierung und Psychologisierung der handlungstragenden Figuren untersucht und interpretiert werden. Zunächst also die Betrachtung des Dramas.

3.1 *Der Kontrabaß*

Dieses Ein-Personen-Stück gibt, wie bereits an früherer Stelle erwähnt, Einblick in das Seelenleben eines Kontrabassisten, der im Staatsorchester angestellt ist. Der Name des Musikers wird nie genannt, die einzigen grundlegenden Fakten, die der Leser über seine Person und seine aktuelle Lage erfährt, sind sein Alter – er ist 35 Jahre alt – und die Tatsache, dass er allein lebt.

Die besondere Herausforderung, die das Stück sowohl an den Autor als auch an den Leser stellt, liegt darin, dass die gesamte Geschichte in Form eines Monologs ausgebreitet wird. Diese Darstellungsweise ermöglicht es auf der einen Seite, extrem tief und direkt in die Gedanken- und Gefühlswelt des Protagonisten einzutauchen, verhindert jedoch auf der anderen Seite die Möglichkeit, eine für textimmanente reflexive Betrachtungen nötige Distanz zwischen Erzähler und Figur zu schaffen. Zwar wird der Monolog immer wieder durch notwendige Regieanweisungen durchbrochen, doch diese beschränken sich lediglich auf lokale und temporale Beschreibungen, und selbst dabei bleiben sie auf einem beinahe asketischen Niveau: „*Zimmer. Eine Schallplatte wird gespielt, die Zweite Sinfonie von Brahms. Jemand summt mit. Schritte, die sich entfernen, wiederkommen.*" (*DK*, 7)

Diese Beschreibung lässt der Fantasie des Lesers jeglichen Spielraum in Fragen der Einrichtung des Zimmers und allgemein der örtlichen Begebenheiten. Erst im Verlauf der Geschichte erfährt man durch den Protagonisten selbst genauere Details über die Wohnung: „Schauen Sie, ich habe hier bei mir zuhause alles ausgelegt mit Akustikplatten, Wände, Decken, Boden."(*DK*, 25) Diese Reduzierung rein lokaler Beschreibungen auf das Allernötigste richtet einerseits die Zentralität des Textes auf die Handlung, also auf den Rede- und Gedankenfluss der Figur, sorgt andererseits sogleich dafür, dass, sollte schließlich doch an einigen wenigen Stellen eine genauere Erörterung der Räumlichkeiten erfolgen, sofort eine interpretatorische Bedeutung dieser Erwähnung nahe gelegt wird. So sind die erwähnten Akustikplatten, wie später noch einmal ausführlich dargelegt werden soll, ein in die Textwirklichkeit übertragenes Symbol für die teilweise selbst herbeigeführte Isolation des Protagonisten von seiner Umwelt.

Ein weiterer zentraler Aspekt, der in *Der Kontrabaß* sogar zum Leitmotiv ausgebaut wird, ist die Musik. Nicht nur, dass der Kontrabassist ständig musikhistorisches oder theoretisches Wissen von sich gibt – was natürlich ein wichtiger Bestandteil seiner Charakterisierung ist – nein, darüber hinaus funktioniert der gesamte Text sozusagen als Musikstück. „Während ‚Das Parfum' über eine olfaktorische und ‚Rossini' über eine audio-visuelle Reduktion funktionieren"[16], bestimmt die Musik, in Form von Noten- und Lautlehre, Auseinandersetzung mit der Funktionsweise einzelner Instrumente und der Möglichkeit oder Unmöglichkeit des Zusammenspieles verschiedener Instrumente, die Denkweise des Kontrabassisten derart, dass die ästhetische Wirkung des Textes sich zentral an musikalischen Wirkungsweisen orientiert. Zugleich jedoch fungiert diese Musikalität auch als wichtiger, vielleicht bestimmender Faktor der Charakterisierung des Kontrabassisten. Und an dieser Stelle wird sie für die vorliegende Arbeit interessant.

---

[16] Frank, Degler: *Aisthetische Reduktionen. Analysen zu Patrick Süskinds ‚Der Kontrabaß', ‚Das Parfum' und ‚Rossini'*. Berlin: de Gruyter, 2003: S. 17

3.1.1 Figurencharakterisierung

Der Übersichtlichkeit und einer möglichst textnahen und detaillierten Charakterisierung der Hauptfigur wegen, dürfte es wohl angebracht sein, den Text nun systematisch durchzugehen und für die Interpretation bedeutende Stellen herauszudestillieren.

Wie bereits erwähnt, verhindert der Text durch seine bloße formale Beschränktheit eine eindeutige oder offensichtliche Figurencharakteristik. Der größte Teil dessen, was der Leser über den Protagonisten herauszufinden vermag, versteckt sich in den Monologen der Figur. Bis auf wenige Ausnahmen, in denen die Regieanweisungen Hinweise auf eine figuren-metaphysische Einstellung gegenüber des Kontrabassisten geben. Doch selbst diese Hinweise erweisen sich als sehr subtil: *„Jemand summt mit. [...] Eine Flasche wird geöffnet, der Jemand schenkt sich ein Bier ein."* (*DK*, 7) Die Bezeichnung der zentralen Figur des Textes als eines bloßen *Jemand* scheint bei aller Beiläufigkeit schon beinahe eine Beurteilung des impliziten Erzählers über die Person, der er das Wort zu erteilen begriffen ist. Diese Beiläufigkeit, mit der die erste Vorstellung des Protagonisten hier geschieht, ist dabei keinesfalls misszuverstehen: So schreibt Frank Degler über „Süskinds schriftstellerische Präzision (die ihn über jeden Trivialitätsverdacht erhebt)"[17], sie offenbare sich gerade in dieser Detailversessenheit, dank der solch kleine, beim ersten Lesen leicht zu übersehende Hinweise zu Schlüsselworten seiner Texte werden können. Dies wird durch eine weiter gehende Analyse des Textes untermauert.

Schon auf der ersten Seite, während der ersten Worte, die der Kontrabassist spricht, wird ein weiterer Hinweis gelegt, der erst durch gründliche Textrezeption eindeutig als solcher erkannt werden kann. „Jetzt! Jetzt hören Sie's! Die Bässe meine ich. [...] Das bin ich. Beziehungsweise wir." (*DK*, 7) Hier wird etwas angedeutet, das sich im Laufe des Textes immer wieder und auf ungleich intensivere Weise verdeutlichen soll: Der Kontrabassist geht in seinem Beruf so sehr auf, ja, sein Beruf verleiht seinem Leben eine so grundlegende Bedeutung, dass er als Individuum darin sich beinahe auflöst. Schnell wiederholt sich eine ähnliche Formulierung, die der Figur allem Anschein nach gar nicht bewusst ist: „Aber ohne uns geht erst recht nichts." (*DK*, 8) Er redet von den Kontrabassisten seines Orchesters, an anderer Stelle auch von dem gesamten Orchester, mit solchen symbolischen Bezügen auf sich selbst und seine Bedeutung, dass sich unwillkürlich der Gedanke aufdrängt, er verstehe sich selbst und seine Existenz nur als Bestandteil dieses Orchesters.

Was jedoch das zentrale Symbol des gesamten Textes wird, spiegelt sich bereits im Titel: Es ist der Kontrabass, der einzige ‚Mitbewohner' des Kontrabassisten und zugleich Objekt seiner

---

[17] A. a. O.: S. 48

tiefsten Verehrung und seines größten Hasses. Dieses Instrument wird im fortschreitenden Text immer stärker zur Metapher stilisiert, in die der Kontrabassist sich selbst hineinprojiziert. Was er von sich selbst denkt, wird immer wieder in seinen Äußerungen über den Kontrabass deutlich: „Worauf ich hinauswill, ist die Feststellung, daß der Kontrabaß das mit Abstand wichtigste Orchesterinstrument schlechthin ist. Das sieht man ihm nicht an." (*DK*, 9) Und an anderer Stelle wird die Metaphorik sogar noch deutlicher: „Sehen Sie! Soviel steckt drin im Instrument, theoretisch-physikalisch. Nur herauskriegen tut man es nicht, praktisch-musikalisch." (*DK*, 18)

Diese beiden Textstellen zeigen bereits eine der wichtigsten Charaktereigenschaften des Kontrabassisten auf: Er ist zur Selbstreflexion durchaus befähigt und vermag sich selbst als von seiner Umwelt unterschätzter, potenziell zu großen Leistungen fähiger Mensch zu erkennen. Inwieweit dieses Selbstbild zu Eigenüberschätzung neigen mag, bleibt dahin gestellt, denn die Tatsache, dass er diese durchaus positive Selbstsicherheit durch einen Akt der Übertragung auf sein Instrument spiegelt, zeigt seine tief eingeprägte Scheu davor, sich selbst in irgendeiner Weise zu loben.

Wie komplex diese symbolisierte Einstellung sich selbst gegenüber ist, wird wiederum an einer späteren Szene deutlich: „Keine Durchschlagskraft. Keine Tragweite. Kein body, wie der Amerikaner sagt: Ich hab body, beziehungsweise mein Instrument hat body. Und das ist das einzige, was mir daran gefällt. Sonst hat es nämlich nichts. Sonst ist es eine einzige Katastrophe." (*DK*, 31) Neben der bereits bekannten Meinung über eigene verkannte Stärken kommt hier nun ein neues, das Leben des Kontrabassisten bestimmendes Element hinzu: Der Selbsthass. Je länger der Text läuft (und je mehr Bier der Protagonist getrunken hat), desto deutlicher bricht seine mühselig unterdrückte Wut, seine Enttäuschung über die eigene Lebenssituation und die Verbitterung über seine Unfähigkeit, etwas daran zu ändern, hervor. Ganz eindeutig – und somit zur Schlüsselstelle für die Symbolbedeutung des Kontrabasses – wird es im letzten Drittel des Textes, wenn sich zum ersten Mal explizit die Betrachtung von Kontrabass und eigener Person voneinander trennen: „Können Sie mir sagen, wieso ein Mann von Mitte Dreißig, nämlich ich, mit einem Instrument zusammenlebt, das ihn permanent nur behindert?! Menschlich, gesellschaftlich, verkehrstechnisch, sexuell und musikalisch *nur* behindert?!" (*DK*, 69)

Diese Stelle ist der Startpunkt für den Kontrabassisten, endlich offen direkt von sich selbst als agierender, betroffener Person zu sprechen. Hat er die meiste Zeit sein Heil in der Übertragung auf andere Menschen (und sein Instrument) gesucht – so disputiert er zuvor lange über das unglückliche Los heute vergessener Musiker des 18. Jahrhunderts – kommt er nach diesem Ausbruch endlich zu dem Mut, sich selbst und damit auch dem Leser gegenüber einzugestehen, dass er selbst es ist, der ihm die eigenen Sorgen bereitet.

Der grundlegende Punkt dieses Selbsthasses ist schnell gefunden und ebenso versteckt im Text eingebaut: Es ist die Einsamkeit des Kontrabassisten. Die erste Formulierung, die darauf hinweist, benutzt wiederum die Thematik der Musikhistorie, um die wahren Gedanken des Kontrabassisten zu verbergen: „Schauen Sie – aber so ist das häufig. Das Bessere stirbt ab, weil ihm der Zug der Zeit entgegensteht." (DK, 23) Wieder wird hier seine Meinung in übertragener Form kundgetan, er sei von seinen Mitmenschen verkannt und unterschätzt – nur dass er diesmal auch gleich eine Begründung dessen mitliefert: seine Fehlplatzierung im ‚Zug der Zeit'.

Die Folgen dieser Fehlplatzierung sind verheerend für die Entwicklung seines Selbstbildes: Er schottet sich ab. „Schauen Sie, ich habe hier bei mir zuhause alles ausgelegt mit Akustikplatten, Wände, Decken, Boden. Die Tür ist doppelt und innen versteppt. Fenster aus doppeltem Spezialglas mit gedämmtem Rahmen. Hat ein Vermögen gekostet." (DK, 25) Diese systematische Abschottung – aus eigenem Antrieb, wie angemerkt werden muss – führt dazu, dass er mit seiner Umwelt nur noch in indirektem Kontakt steht: Wenn er das Fenster öffnet, flutet „[b]arbarischer Lärm von Autos, Baustellen, Müllabfuhr, Preßlufthämmern, etc." (DK, 26) herein, als einziger Hinweis darauf, dass er sich eigentlich in einer Stadt, umgeben von tausenden von Menschen, befindet. Und die einzige Kommunikation, die er während des gesamten Stücks zu seinen Nachbarn aufnimmt, ist von noch indirekterer Art: Er spielt den Kontrabass so laut, bis die Nachbarn sich beschweren: „Von der Decke her ist ein Klopfen zu hören. Da! Hören Sie! Das ist die Frau Niemeyer von oben." (DK, 30)

Auch diese einst freiwillig herbeigeführte Isolation findet in jener Szene, in der der Kontrabassist zum ersten Mal von seiner Übertragung in den Kontrabass abläßt, ein Ventil: Erneut zeigt er hier seine eigentlich vorhandene Fähigkeit zur Selbstreflexion. „Entschuldigen Sie, daß ich schrei. Aber ich kann schreien hier, soviel ich will. Es hört keiner, wegen der Akustikplatten. Kein Mensch hört mich…" (DK, 69)

Der Kontrabassist ist also eine sehr vielschichtige, komplex charakterisierte Figur. Auf der einen Seite hält er sich selbst für eine zu großen Taten befähigte Person, die von ihrer Umwelt unterschätzt wird. Auf der anderen Seite neigt er zu deutlichem Selbsthass und verachtet seine – seiner Meinung nach – bedeutungslose Existenz. Hat er sich einst aus eigenem Antrieb in die Isolation begeben, sieht er sich nun der Erkenntnis gegenüber, dass er unfähig ist, diese Isolation zu durchbrechen. Angesichts seiner scheinbaren Selbstüberzeugung stellt sich dann jedoch die Frage: Weshalb ist er nicht in der Lage, Kontakt zu anderen Menschen herzustellen? Woher kommt seine Hilflosigkeit angesichts seiner verfahrenen, unerträglichen Einsamkeit?

Diese Fragen führen uns tiefer in die psychologischen Konstrukte, die dem Text zugrunde liegen und somit wollen wir uns nun den literarischen und psychologischen Verfahren zuwenden, die Süskind für die Erstellung des Textes verwendet haben mag.

3.1.2 Literarische & psychologische Aspekte

Bei der Betrachtung dieses speziellen Komplexes steht zunächst die Frage im Raum, ob man die grundlegende Orientierung, der die Charakterisierung der Hauptfigur folgt, einer bestimmten Richtung der Psychologie zuweisen kann und wenn ja, welche das sein mag. Tatsächlich liefert Süskind ziemlich eindeutig einen Hinweis darauf, auf welche Weise man den Text zu lesen hat, und zwar, indem der Kontrabassist selbst die spezielle Kategorie der Psychologie anspricht und negiert.

So kommt die Figur an einer entscheidenden Stelle auf die Gründe zu sprechen, aus denen er Kontrabassist geworden ist – wieder versteckt in Form allgemeiner Betrachtungen, wenngleich aufgelöst durch ein scheinbar analytisches Erwähnen des eigenen Schicksals: „Ein typisches Kontrabassistenschicksal ist zum Beispiel meines: Dominanter Vater, Beamter, unmusisch; schwache Mutter, Flöte, musisch versponnen; ich als Kind liebe die Mutter abgöttisch; die Mutter liebt den Vater; der Vater liebt meine kleinere Schwester; mich liebte niemand – subjektiv jetzt." (*DK*, 39)

Ohne es nur ein einziges Mal direkt auszusprechen, zitiert er hier beinahe schematisch das Freudsche Modell zur Entwicklung psychischer Störungen. Demnach sind „Konflikte und Probleme, die im Zusammenhang mit der frühkindlichen Entwicklung der Libido stehen"[18] ebenso wie „das Bestehen eines Ungleichgewichts zwischen dem Verhältnis des ICH, des ES, des ÜBER-ICH und der Realität"[19] die zentralen Grundlagen, durch die es zu einer gestörten Entwicklung der Persönlichkeit und des Charakters kommen kann. Neurosen, Phobien und andere Phänomene können die daraus resultierende Folge sein.

Die Tatsache, dass direkt im Anschluss an dieses beinahe schon klischeehafte Beispiel der Kontrabassist die Psychotherapie, die ja aus der Freudschen Psychoanalyse entstanden ist, als überholte Theorie verwirft, ist dabei keinesfalls ein Hinweis darauf, dass man den Text nicht unter diesem Aspekt lesen dürfe. Ganz im Gegenteil: Ruft man sich eine der im Metzler Literaturlexikon aufgeführten Definitionen und Beschreibungen zur Postmoderne ins Gedächtnis, laut der sich Texte, die dieser Strömung zugeschrieben werden, durch einen „Ver-

---

[18]   Hobmair, Hermann (Hrsg.): *Psychologie*. Troisdorf: Bildungsverlag EINS, 2003: S. 466
[19]   Ebd.

zicht auf eine einheitliche Sinnstiftung in Kunst, Philosophie und Wissenschaft"[20] auszeichnen, wird anhand dieser Textstelle nicht nur die Zugehörigkeit des Textes zur Postmoderne deutlich – denn indem er die selbst angewandten Verfahren auf der Ebene der Textwirklichkeit negiert, erschafft Süskind als Autor eine Art Metaebene des eigenen Textes – sondern es lässt sich auch das erkennbare Begehren des Kontrabassisten erklären, diese Theorie abzustoßen. „Das wissen wir ja heute, daß die Psychoanalyse am Ende ist, und die Psychoanalyse selbst weiß es auch." (*DK*, 40) Indem er sich darum bemüht, die Sinnlosigkeit und Trivialität dieser Theorie zu beweisen, zeigt er nichts anderes als einen in eben dieser Theorie angewendeten Verdrängungsprozess auf. Auf Grundlage dieser Textstelle lässt sich vieles im Text eindeutig als Hinweis einer grundlegenden tiefenpsychologischen Anschauung deuten.

Das deutlichste Verhaltensmuster, das der Kontrabassist in vielfältiger Form immer wieder an den Tag legt, ist die Übertragung im weiteren Sinne. Bezeichnet die Übertragung im engeren Sinne, „dass man Einstellungen, Gefühle und Erwartungen, die man gegenüber früheren Bezugspersonen hatte, auf den Therapeuten projiziert"[21], wird sie im weiteren Sinne als Übertragung solcher Gefühle und Gedanken auf andere Menschen – in diesem Falle auch und vor allem auf ein mit großer Bedeutung behaftetes Instrument – angewendet.

Oft überträgt der Kontrabassist eigene Schwächen und Ängste auf andere Personen, über die er scheinbar gleichgültig spricht: „Wie stünde unser Konzertmeister mit seiner Violine da, wenn er zugeben müßte, daß er ohne den Kontrabaß dastünde wie der Kaiser ohne Kleider – ein lächerliches Symbol der eigenen Unwichtigkeit und Eitelkeit?" (*DK*, 11) Dass diese Frage auf genau dieselbe Art und Weise auf den Kontrabassisten selbst zutrifft, verdrängt er vollkommen.

Der Kontrabass wird dabei nicht nur als Objekt der Übertragung von Selbsterkenntnissen und Wünschen von der Figur gebraucht, sondern ebenfalls als Symbol sexueller Wünsche – in Anlehnung an Freuds Trieblehre, die eng mit dem oben erwähnten Instanzenmodell zusammenhängt, wird der Kontrabass immer wieder Objekt in der Realität nicht ausgelebter sexueller Triebe: „der eigentlich zeugende Pol, aus dessen Lenden – bildlich – der musikalische Same quillt... - das bin ich! – Ich meine der Baß ist das. Der Kontrabaß." (*DK*, 12) Am deutlichsten wird diese Übertragung an einer späteren Stelle: „ich denke mir dann, sie würde vor mir stehen, ganz dicht, so wie der Baß jetzt. Und ich könnte nicht an mich halten, ich müßt sie umarmen ... so ... und mit der anderen Hand so ... wie mit dem Bogen gleichsam ... über ihren Hintern ... oder andersherum, so, wie beim Kontrabaß von hinten herum, und mit der linken Hand an ihren Brüsten, so wie in der dritten Lage auf der G-Saite" (*DK*, 83, f.).

---

[20] Burdorf, Dieter u.a. (Hrsg.): *Metzler Lexikon Literatur*. Stuttgart: Verlag J. B. Metzler, 2007: S. 602
[21] Hobmair, Hermann (Hrsg.): *Psychologie*. Troisdorf: Bildungsverlag EINS, 2003: S. 474

Während er jedoch auf der einen Seite den Kontrabass als positives Objekt betrachtet, auf das er seine Triebe und Sehnsüchte steuern kann, sieht er in ihm zugleich den Schuldigen für sein Versagen in der Wirklichkeit: „Wenn Sie mit einer Frau allein sein wollen, steht er dabei und überwacht das Ganze. Werden Sie intim – er schaut zu. Sie haben immer das Gefühl, er macht sich lustig, er macht den Akt lächerlich. Und dieses Gefühl überträgt sich natürlich auf die Partnerin, und dann – Sie wissen selbst, die körperliche Liebe und die Lächerlichkeit, wie eng liegt das zusammen und wie schlecht verträgt es sich!" (*DK*, 35)

Wieder projiziert der Kontrabassist sein eigenes Versagen in den Kontrabass, der sein Leben zu beherrschen scheint. Diese Übertragung ist Teil der Unfähigkeit, sich selbst die eigenen Schwächen einzugestehen. Diese bereits weiter oben genauer betrachtete Differenz zwischen der Überzeugung, ein von seiner Umwelt unterschätzter Mensch zu sein, und der trotz selbstreflexiver Fähigkeiten bestehenden Angst vor dem offenen Eingestehen seiner Fehler, dürfte ein wichtiger Faktor auf dem Weg zur Entwicklung der Einsamkeit gewesen sein, in der sich der Kontrabassist nun gefangen sieht. Natürlich ist dies bereits ein gutes Stück auf dem Wege einer professionellen Psychotherapie, der zu folgen von diesem Punkte an nicht viel mehr als bloße Spekulation wäre.

Jedoch lassen diese Betrachtungen wohl kaum einen anderen Schluss zu, als dass sich der Autor bei der Charakterisierung seiner Figur an einem durchaus expliziten Wissen um Details der Tiefenpsychologie und ihrer modernen Anwendungen orientiert hat. Aufgrund der Freudschen Lehre vom Unbewussten – dem Instanzenmodell und der Trieblehre – lässt sich somit auch das Funktionieren des Textes aufzeigen. Distanziert man sich bei der Analyse des Textes nämlich ein wenig von der psychologischen Seite und konzentriert sich auf die rein erzähltechnischen Aspekte, wird wiederum deutlich, mit welcher Präzision hier gearbeitet und die beiden Formen Literatur und Psychologie ineinander verwoben wurden.

Wie bereits an früherer Stelle erläutert, zeichnet sich der Text vorrangig durch das beinahe völlige Fehlen einer vom Protagonisten distanzierten Instanz aus. Der Monolog des Kontrabassisten als bestimmendes Textelement sorgt somit für eine beinahe deckungsgleiche Dauer von Erzählzeit und erzählter Zeit, denn die im Text vergegenwärtigten Ereignisse sind ja nichts weiter als Erinnerungen. Die eigentliche Handlung des Stücks besteht aus nichts mehr als einem Mann, der in seiner Wohnung ein Bier trinkt und einen langen Monolog hält.

Je weiter der Text vorangeschritten und je tiefer er in den Kopf des Protagonisten eingetaucht ist, desto deutlicher wird allein schon die Symbolkraft dieser Textform. Das Passive der Handlung überträgt sich auf die Passivität des Kontrabassisten. Abgesehen von knappen Regieanweisungen beschränken sich sämtliche Aktivitäten der Geschichte auf Erinnerungen oder aber Vorstellungen des Kontrabassisten. Dies wird besonders im letzten Drittel des Textes deutlich, wenn er seine Tagträume verfolgt, in denen er die Sängerin, in die er unglücklich verliebt ist, durch eine Verzweiflungstat auf sich aufmerksam macht: „Und dann, in diesem erhabenen Moment, [...] aus der hintersten Reihe des Orchesters, von dort her, wo die Kontrabässe stehen, der Schrei eines liebenden Herzens..." (DK, 81)

Der Kontrabassist vermag die ersehnte Selbstverwirklichung nur in Gedanken zu erreichen, was schon auf textlicher Ebene nicht nur durch die Erzählform symbolisiert wird, sondern auch dadurch, dass der Großteil des Textes sich nicht auf zukünftige mögliche, sondern auf vergangene Ereignisse bezieht. Allein der begrenzte Anteil dieser gedanklichen Ausbrüche aus dem Gefängnis seiner Einsamkeit zeigt auf, wie schwer es dem Protagonisten fällt, gegen die längst zur Gewohnheit gewordene Banalität seines Alltags anzukommen.

Erstaunlicherweise eröffnet sich gerade durch die fehlende Distanzierung zur Figur eine viel weitläufigere Möglichkeit zur Charakterisierung. Dieser bereits erwähnte Trick, durch die Nähe zur Figur direkt in ihren Kopf einsteigen zu können, hat auch seine erzähltechnische Begründung: „Der Typ des gleichzeitigen Erzählens bedeutet in seiner Idealform die nahezu vollständige zeitliche Koinzidenz von Erzähltem und Erzählen."[22] Das bedeutet, dass der Leser sozusagen zwangsläufig in eine Identifikationssituation mit der Figur gedrängt wird, denn der Text erweist sich ja von Anfang an ausschließlich als Sammlung rein subjektiver Gedanken und Empfindungen.

Durch diese subjektive Perspektive wird verhindert, dass an irgendeiner Stelle eindeutige Vermutungen oder Behauptungen für die Ursachen aufgestellt werden können, die der Entwicklung des Kontrabassisten zugrunde liegen könnten. Womit also allein durch den Einsatz einer bestimmten Erzählform – nämlich des dramatischen Modus, beziehungsweise in diesem Falle die Entscheidung für ein bestimmtes Genre, das Theaterstück – also allein durch einen rein literarischen Aspekt die Anwendung der zugrunde liegenden Psychologie determiniert wird.

Durch diese Uneindeutigkeit des Textes liegt naturgemäß viel Interpretationsspielraum beim Leser. Allerdings wiederholen sich im Laufe des Monologs viele symbolhafte Details so oft, dass sie zu einer Art Leitmotiv werden – allem voran natürlich der Kontrabass, dessen Rolle auf der Ebene der Textwirklichkeit ja bereits ausführlich besprochen wurde.

Und durch die wiederholte Bezugnahme auf eindeutig tiefenpsychologische Symbolik wird ebenfalls die Möglichkeit eröffnet, das unkommentierte Verhalten des Protagonisten in eine bestimmte Richtung deuten zu können. So zeigt sich bei ihm teilweise sogar obsessives

---

[22] Martinez, Matias/Scheffel, Michael: *Einführung in die Erzähltheorie*. München: Verlag C. H. Beck, 1999: S. 70

Verhalten, ohne dass er selbst sich dessen bewusst wäre: „Aber manchmal wache ich in der Nacht auf – brüllend. Ich brülle, weil ich sie im Traum singen höre, mein Gott!" (*DK*, 83) Durch die vorherige explizite Erwähnung einiger Aspekte der Tiefenpsychologie wird dem Leser hier eine deutliche Interpretationsvariante dargeboten.

Die Uneindeutigkeit des Textes vollzieht sich sogar bis über den Schluss hinaus, hinterlässt den Leser im Grunde mit einem offenen Ende. Denn obwohl sich der Kontrabassist nach einigem Überlegen und Grübeln dazu entschlossen hat, seine gesicherte Stellung im Staatsorchester (sein Abscheu davor, als einziger Musiker verbeamtet und dadurch vor Kündigung geschützt zu sein, ist indes ein weiterer Hinweis auf seine durch Selbsthass hervorgerufene verzerrte Weltsicht) aufzugeben und mitten im Spiel seiner geliebten Sängerin seine Liebe zu gestehen, ist, auf Grundlage aller psychologischen Details, die man über ihn im Laufe des Textes erfahren hat, noch längst nicht sicher, dass er tatsächlich im entscheidenden Moment den Mut aufbringen wird. Und der Text endet – in Analogie zur Passivität des ganzen Geschehens – lange, bevor eine endgültige Handlung begangen werden kann: „Ich gehe jetzt in die Oper und schrei. Wenn ich mich trau. Sie können es ja morgen in der Zeitung lesen. Auf Wiederschaun! *Seine Schritte entfernen sich. Er verläßt das Zimmer, die Haustür fällt ins Schloß.*" (*DK*, 96)

Nicht nur, dass diese Auflösung der Handlung so unentschlossen bleibt wie ihr Hauptakteur und dem Leser im Grunde keinen eindeutigen Hinweis darauf gibt, ob der Kontrabassist dieses eine Mal tatsächlich den Mut aufbringen wird oder ob die Veränderung seines Lebens wieder nur in seinem Kopf stattgefunden haben wird, ist für die Interpretation von Bedeutung. Wichtiger ist, dass der Kontrabassist eine Entscheidung getroffen hat, die für viele Süskindsche Figuren kennzeichnend ist: Er hat, wenn in diesem Falle auch nur symbolisch, beschlossen, Selbstmord zu begehen. Denn zuvor führt er ja selbst aus, dass er durch solch eine Aktion unumgänglich vom Staatsorchester ausgeschlossen würde und dass ein solcher Skandal ihm wohl niemals wieder einen Job zulassen würde. Da die Musik, und insbesondere das Spielen des Kontrabasses im Staatsorchester, trotz aller damit verbundener Hassgefühle im Grunde den gesamten Lebensinhalt des Kontrabassisten ausmacht, kommt ein solcher absichtlicher Schritt einem geistigen Suizid gleich. Dies ist ein Motiv, das überaus häufig in Süskindschen Texten auftaucht.

Abschließend hierzu soll noch erwähnt werden, dass es – mehr oder weniger in Analogie zum textlichen Bezug auf die grundlegende Psychologie des Werks – eine weitere zentrale Textstelle gibt, in der die Bedeutung der Musik als Leitmotiv des Textes eine philosophische, metatextliche Erklärung findet. An dieser Stelle, ebenso wie an jener, an der die Figur scheinbar die Bedeutung der Psychoanalyse negiert, durchmischt sich die Stimme der Figur mit der ihres Erzählers, sodass eine Hybridität zwischen der reinen Textbedeutung und der Bedeutung des Gesprochenen für den Leser entsteht. Die Musik, erklärt der Kontrabassist, ist etwas Elementares, überhaupt nicht Wegzudenkendes: „Denn Musik ist etwas Menschliches. Jenseits von Politik und Zeitgeschichte. Etwas allgemein Menschliches, möchte ich sagen, ein der menschlichen Seele und dem menschlichen Geist eingeborenes konstitutives Element." (*DK*, 62)

So wird die Grundlage der Musiksymbolik des Textes erläutert, und eine erzählerische Begründung geliefert, weshalb ausgerechnet die Musik als zentrales Thema ausgewählt wurde. Diese Textstelle ist somit als eine über der Textwirklichkeit stehende Erläuterung aufzufassen.

Der Kontrabaß bietet noch eine ganze Fülle an weiteren Details, mit denen das Ziel des Textes, die Charakterisierung der Hauptfigur, verfolgt wird, doch würde der Versuch einer vollständigen Aufdröselung dieser Indizien wohl den Rahmen dieser Arbeit sprengen, weshalb die voran stehenden Betrachtungen erst einmal ausreichen sollen. Es sollte klar geworden sein, mit welchen Mitteln der Autor seiner Figur und seinem Text Tiefe und Bedeutung verliehen hat und auf welche Weise er dabei Psychologie und Literatur miteinander verbunden hat.

Nach dieser Analyse eines stellvertretenden Textes aus der Phase vor Erscheinen des Romans *Das Parfum* wollen wir uns nun einem späteren Text widmen: Kommen wir also zu der Novelle *Die Taube*.

3.2 *Die Taube*

Diese Novelle stellt in ihrer inhaltlichen Tendenz keine Ausnahme vom zentralen Thema in Patrick Süskinds Schaffen dar. Sowohl in *Der Kontrabaß* als auch in *Das Parfum* geht es um Personen, die ihrer Umwelt und den sie umgebenden Menschen fremd bleiben und auf der Suche nach einem festen, sie selbst schützenden Lebensplan verzweifeln.

Die Taube handelt von dem „schon über fünfzig Jahre" (*DT*, 5) alten Jonathan Noel, einem Bankwachmann, der in Paris ein winziges Zimmer bewohnt und zum Beginn der Geschichte „auf eine wohl zwanzigjährige Zeitspanne von vollkommener Ereignislosigkeit" (*DT*, 5) zurück blickt. Als er eines Morgens wie jeden Werktag sein Zimmer verlassen will, um zur nahe gelegenen Bank zu gehen und seinen Job zu erledigen, begegnet er auf dem Gang einer Taube. Dieses Ereignis verstört ihn so nachhaltig, dass nicht nur sein gesamter Tagesablauf, sondern gar seine komplette Lebensplanung ins Wanken gerät.

Wieder einmal geht es also um einen einsamen Helden, der die Welt mit einer Konzentrierung auf Details wahrnimmt, die anderen Menschen völlig verborgen bleiben oder aber belanglos erscheinen. Im Gegensatz zu dem Theaterstück *Der Kontrabaß*, in dem die Gedankenwelt des Protagonisten durch einen langen Monolog, also durch seine eigenen Worte, ausgebreitet wurde, bleibt hier die Perspektive zwangsläufig eine zumindest ein Stück weit äußere. Durch den unvermeidbaren Einsatz eines Erzählers, der in der Novelle bei weitem großräumiger ausfällt als im Drama, wird eine andere Herangehensweise erforderlich, um den psychologischen Hintergründen der Figur gerecht zu werden.

Ein wichtiger Bestandteil dieser Psychologisierung und zugleich eine bedeutende Voraussetzung, eine Möglichkeit zu finden, in den Kopf der Figur zu gelangen, sind in der Wahl des Erzählers begründet. Über weite Strecken erfolgt die Erzählung in Form einer personalen Erzählsituation. Der Erzähler kann zwar keinesfalls mit der Figur Jonathan Noel gleichgesetzt werden, steht unbestreitbar außerhalb dieser Figur – und durchaus auch außerhalb der Erlebniswelt des Geschehens – bleibt aber durch seine erzählerische Situierung stets in unmittelbarer Nähe des subjektiven Erlebnishorizonts Noels. Dies kennzeichnet sich durch den „Verzicht auf Erzählereinmischungen sowie die Fixierung eines Blickpunktes [...] im Figurenbewußtsein"[23] und ermöglicht dadurch „eine Einschränkung des Wahrnehmungsfeldes"[24] für den Leser. Genau dieser Effekt ist es aber wieder einmal, der die Möglichkeit erst eröffnet, eine intensive Nähe zur Figur aufzubauen.

Indem die Handlung konsequent in enger Nähe der Wahrnehmung und des Bewusstseins der handelnden Figur dargestellt wird, erfolgt beinahe automatisch eine Konzentrierung auf die Besonderheiten der Art und Weise, auf die Jonathan Noel wahrnimmt, denkt und fühlt. So ist zwar einerseits wiederum die Möglichkeit genommen, allgemeingültige Aussagesätze über seine innere Situierung zu treffen – auf der anderen Seite aber erreicht der Autor gerade dadurch die Nähe, die er braucht, um mit der angestrebten Subtilität die psychologischen Schwerpunkte seiner Figur zu entfalten. Wie dies genau erfolgt, soll im folgenden Kapitel analysiert werden.

---

[23] Vogt, Jochen: *Aspekte erzählender Prosa. Eine Einführung in Erzähltechnik und Romantheorie*. Opladen: Westdeutscher Verlag, 1990: S. 54
[24] Ebd.

3.2.1 Figurencharakterisierung

Im Gegensatz zur größtenteils linearen Erzählstruktur der Geschichte, beginnt der Text mit einer weitläufigen Rückblende, in der entscheidende Punkte aus Kindheit und Leben Jonathan Noels bis zum Moment des Zusammentreffens mit der Taube festgehalten werden. Die Bedeutung, die diese Passage für die psychologische Verortung der Figur hat, soll an späterer Stelle näher erläutert werden. Das Hauptaugenmerk soll hier zunächst darauf gelegt werden, was die Ereignisse, die in jener Rückblende erläutert werden, über die Figur aussagen. Und das ist in erster Linie eines: Monotonie.

Noels gesamtes Leben dreht sich scheinbar von Kindheit an darum, eine möglichst große Statik und Ereignislosigkeit zu erreichen. So lässt er sich anfangs von seinem Onkel zu allem, was er beginnt, anleiten, trifft nie eine eigene Entscheidung, heiratet sogar auf den Wunsch seines Onkels hin, „denn wenngleich er nur eine ungenaue Vorstellung von der Ehe besaß, so hoffte er doch, in ihr endlich jenen Zustand von monotoner Ruhe und Ereignislosigkeit zu finden, der das einzige war, wonach er sich sehnte" (*DT*, 7). Und selbst die erste Entscheidung, die er laut Erzähler jemals in seinem Leben eigenständig trifft, führt ihn tiefer in jenen Zustand des Stillstandes hinein als alles Vorherige: Er geht nach Paris.

Allein durch diese lokale Verankerung wird die Weltabgewandtheit Noels überdeutlich: In einer Metropole, inmitten von Millionen von Menschen, ist er in der Lage, die Ruhe und Abgeschiedenheit zu finden, nach der er sich immer sehnte. Sein Zimmer wird dabei zum Symbol seiner Monotonie: Seine einzigen Wege bestehen zwischen Arbeitsplatz, Supermarkt und Zimmer. Sein Tagesablauf wird bis ins Kleinste hinein durchgeplant – nach der Arbeit kommt er „abends mit Brot, Wurst, Äpfeln und Käse zurück, aß, schlief und war glücklich. […] So lebte er ruhig und zufrieden, jahraus, jahrein, Jahrzehnt um Jahrzehnt." (*DT*, 9) Diese Monotonie überträgt sich sogar bis auf seinen Arbeitsplatz – nicht nur, dass der Weg zur Arbeit bis auf die Minute genau berechnet und einstudiert ist, besteht auch die eigentliche Arbeit aus fest eingefügter Routine: „Dieser Dienst bestand seit dreißig Jahren aus nichts anderem, als daß Jonathan vormittags von neun bis dreizehn Uhr und nachmittags von vierzehn Uhr dreißig bis siebzehn Uhr dreißig vor dem Portal stehend verharrte oder allenfalls gemessenen Schritts auf der untersten der drei Marmorstufen auf und ab patrouillierte." (*DT*, 11) Die einzige Abweichung von dieser Routine ist längst selbst zum monotonen Ereignis verkommen: Die Ankunft „von Monsieur Roedels, des Direktors, schwarzer Limousine." (*DT*, 41) Um diese Limousine auf das Gelände der Bank, bei der Noel angestellt ist, zu lassen, bedarf es einer genau abgezählten Folge von Schritten, den immer gleichen Handbewegungen und Grüßen, und das alles zur stets gleichen Zeit.

So erweist sich also das gesamte Leben Jonathan Noels als geradezu minutiös organisierte Monotonie. Vom Aufstehen über den Beruf bis zur Heimkehr und dem Schlafengehen ist alles im Lauf der Jahre ritualisierte Bewegung geworden. Er ist gefangen in seinen Bewegungsabläufen, doch es ist kein Gefangensein im negativen Sinne. Gerade in dieser Enge, dem beinahe völligen Fehlen freier Möglichkeiten, findet Noel nämlich seine eigentliche persönliche Freiheit. „Leben und Ordnung, Routine und Automatisierung sind für Jonathan identisch, bilden eine Identität als einheitliche Kohärenz von Gleichem"[25] und bedeuten für ihn zugleich Sicherheit und eine Möglichkeit der Orientierung im Leben. Das wird deutlich, als schließlich die Begegnung mit der Taube seine tägliche Ordnung durcheinander bringt: „Die Tätigkeit des Wischens, das Forträumen der Flasche mit dem Scheuermittel, das Auswringen des Lappens – oft geübte, tröstliche Handhabungen – gaben ihm den Sinn fürs Pragmatische wieder." (*DT*, 21) In seiner Routine, der Unmöglichkeit des Abweichens von seiner einstudierten Monotonie, findet Noel Schutz vor der Welt, die ihn umgibt und mit der er im Grunde nichts zu tun haben will.

Diese Weltabgewandtheit führt dann auch direkt weiter zum zweiten elementaren Charakterzug, der die Figur des Jonathan Noel nachhaltig bestimmt. Sowohl die um jeden Preis beizubehaltende Monotonie als auch die Funktion des gemieteten Zimmers als Ort des Rückzugs und der Einsamkeit deuten auf die große Menschenscheu hin, die das Handeln des Protagonisten bestimmt.

Immer wieder wird hervorgehoben, mit welchem Widerwillen, ja geradezu Abscheu Noel an jegliche Kontaktaufnahme mit anderen Menschen denkt. Ob es die Concierge des Mietshauses, in dem er sein Zimmer gemietet hat, oder einer seiner Nachbarn ist – jeglicher Kontakt, noch dazu zufälliger und dementsprechend nicht vorhergesehener oder planmäßiger, ist ihm zutiefst zuwider. Dabei werden Mechanismen in seinem Denken deutlich, die wiederum bei der näheren Analyse der psychologischen Aspekte erläutert werden, hier allerdings nur kurz angerissen werden sollen: Je intimer seine aktuelle Situation ist, desto größer wird die Angst vor dem Zusammentreffen mit Anderen. Eine Einstellung, die allgemein durchaus noch nachvollziehbar ist, die bei Noel aber Formen annimmt, denen man ganz eindeutig eine Überhöhung zusprechen muss: „Er liebte es nicht, Mitbewohnern zu begegnen, schon gar nicht morgens in Pyjama und Bademantel, und am allerwenigsten auf dem Weg zum Klo." (*DT*, 13)

Von der noch verständlichen unangenehmen Situation, vor der Toilette mit jemandem zusammenzutreffen, verallgemeinert Noel seine Berührungsängste bis auf alltäglichste Gegens-

---

[25]   Söder, Thomas: *Studien zur deutschen Literatur. Werkimmanente Interpretationen zentraler Texte der deutschen Literaturgeschichte.* Berlin: LIT Verlag, 2008: S. 280

tände – selbst die Möglichkeit, auf dem Weg zur Arbeit mit jemandem zusammenzustoßen und ihn nur kurz grüßen zu müssen, bereitet ihm bereits Unbehagen. Dementsprechend bereitet ihm die Concierge, der er beinahe zwangsläufig jeden Tag begegnet, besondere Unannehmlichkeiten und seine Gefühle ihr gegenüber entwickeln sich bald zu sehr negativ konnotierten, obwohl sich seine Kommunikation mit ihr nie über das Niveau von Begrüßungen und Verabschiedungen hinaus entwickelt hat.

Ebenso wie die Flucht in einen ritualisierten Alltag, bedeutet auch für seine Menschenscheu und Isoliertheit der Beruf des Bankwachmannes eine geradezu erstaunliche Erfüllung. Die einzigen Kontakte, die er jeden Tag auf sich nehmen muss, bestehen im gemeinsamen Öffnen und Schließen der Bank mit den Bankdirektoren und dem Einlassen der Limousine. Alles andere beschränkt sich auf das bereits erwähnte Patrouillieren vor dem Bankeingang, das ihn unter gewöhnlichen Umständen zu keinerlei irgendwie geartetem Kontakt mit den Besuchern der Bank zwingt. So beschränkt sich sein Tagesablauf zum größten Teil auf eine beobachtende Position, so als sei er von der wirklichen Welt, mit ihren tausenden Menschen und täglichen Begegnungen, getrennt. Doch auch dies, ebenso wie das Gefangensein in seiner alltäglichen Routine, bedeutet keinesfalls etwas Negatives für Noel, ganz im Gegenteil: Die Isolation ist sein großer Wunsch, seine einzige Möglichkeit, glücklich zu sein. „Die Anonymität gilt ihm als Ziel. [...] Anonym begegnet er der Welt, anonym bleibt sie ihm."[26] In dieser isolierten Situation, fern von den ihn umgebenden Menschen, gefangen im rhythmisierten Ablauf seiner Tage, hat Noel zu einer Art innerer Ruhe gefunden, so fraglich und fragil diese auch sein mag – ein Thema, das wiederum an späterer Stelle genauer untersucht und hinterfragt werden soll und deshalb hier vorerst abgeschlossen wird.

Denn all diese Routine und der gesamte Lebensplan, den sich Noel aufgebaut hat, werden nicht nur nachhaltig gestört, sondern beinahe vernichtet durch die Begegnung mit der Taube. Der Anblick der Taube, die auf dem Gang vor seinem Zimmer sitzt, erschüttert ihn so nachhaltig, dass sein gesamter, seit Jahren einstudierter morgendlicher Ablauf durcheinander gerät. Er kann nicht auf die Etagentoilette gehen, muss sich anders anziehen und schafft es nur unter größtem Mut, an der Taube vorbei und ins Freie zu kommen, sodass er wenigstens nicht zu spät zur Arbeit erscheint. Doch dieser kleine Triumph bleibt der einzige an jenem langen Tag.

Die Störung seines morgendlichen Rhythmus löst in gewisser Weise eine Kettenreaktion bei ihm aus: Die Ruhe, mit der er sonst den ganzen Tag stehend oder nur ein wenig patrouillierend verbringt, ist völlig dahin. Dies äußert sich nicht nur in seinen schweifenden, verängstig-

---

[26] A. a. O.: S. 282

ten Gedanken, sondern auch in körperlichen Reaktionen, denn bald „juckte es ihn auf einmal an den Oberschenkeln, an den Flanken der Brust und im Nacken" (*DT*, 46), wodurch wiederum sein Tagesablauf verändert wird, er sich nämlich bald aus seiner sonst unantastbaren Ruheposition begeben muss.

Diese Kettenreaktion nimmt immer größere Ausmaße an. Die verlorene Ruhe führt zu einem weitläufigen Verlust der Selbstkontrolle, der Noel sonst zu jedem Zeitpunkt unterliegt. So verpasst er nicht nur das Ankommen der Limousine, sondern in seiner Mittagspause bemerkt er, dass er beginnt, unbewusst gegen seine Gewohnheiten und Überzeugungen zu handeln, als ihm nämlich auf dem Rückweg einfällt, „daß er die leergetrunkene Milchtüte auf der Parkbank hatte stehenlassen, und das war ihm unangenehm, denn er haßte es, wenn andere Leute Unrat auf den Bänken liegenließen oder einfach auf die Straße warfen" (*DT*, 63).

Diese sich immer stärker empor schraubende Entwicklung des Verlustes der Kontrolle über sich selbst zielt deutlich spürbar auf einen bestimmten Kern ab: Die stete Monotonie, die er sich als Schutz vor der Konfrontation mit anderen Menschen aufgebaut hat, wird durchbrochen und Noel muss sich auf einmal nicht nur mit ungewohnten Situationen, sondern, von diesen Ereignissen ausgehend, mit der Frage seiner Existenz auseinander setzen. So deutlich wie niemals zuvor in seinem Leben wird ihm die Isolation bewusst, in der er sich befindet, und so deutlich wie niemals zuvor muss er sich mit der Frage auseinander setzen, ob ihm diese Isolation tatsächlich so gefällt, wie er immer selbstverständlich angenommen hat. Dinge, über die er nie nachgedacht hat, brechen nun durch, denn „er sah sich selbst nicht mehr als einen Teil der Welt, die ihn umgab, sondern ihm war für ein paar Sekunden, als stünde er weit weg und außerhalb und betrachtete diese Welt wie durch ein umgekehrtes Fernglas." (*DT*, 73) Die Einsamkeit, die stets sein Leben bestimmte und die er für die beste aller Lösungen hielt, verliert ihren Status quo in seinem Denken. Und von dieser Erkenntnis ausgehend, muss er sich nun der Frage stellen, wenn auch in Form eines speziellen Details, auf das er sich konzentriert, welchen Sinn sein Leben eigentlich hat: Selbsthass und Verbitterung brechen durch und machen sich unter anderem in einem Monolog über das eigene Versagen deutlich. Er beschimpft sich selbst, wenn er sagt: „du hast versagt, du hast deine Pflichten grob vernachlässigt, du bist nicht nur blind, du bist taub, du bist verkommen und alt, du taugst nicht mehr zum Wachmann." (*DT*, 50) Diese Entwicklung seiner Gedanken, die Erkenntnis, die ihn so schlagartig überfällt, bringt sein gesamtes Weltbild ins Wanken. Die Isolation wird plötzlich zu etwas Bedrohlichem, die scheinbare Sicherheit seines durchorganisierten Lebens verwandelt sich in Ausgeschlossenheit und Sinnleere. Um es mit den Worten Thomas Söders zu sagen: „Noel erkennt das Abgezogene und Leere seiner Existenz"[27].

Diese innere Entwicklung ist am Text deutlich zu erkennen. Dennoch bleiben dabei viele Fragen offen, die sich durchaus nicht auf den ersten Blick beantworten lassen. Um den Mechanismen auf die Spur zu kommen, die diese Figurenentwicklung ermöglichen und bedingen, wenden wir uns nun also erneut einer genaueren Analyse der psychologischen und erzähltechnischen Aspekte des Werkes zu.

3.2.2 Literarische & psychologische Aspekte

Wie bereits an früherer Stelle erwähnt, stellt die Notwendigkeit eines Erzählers als Gerüst der Novelle andere Anforderungen an den Text als die Monologform in *Der Kontrabaß*. Umso erstaunlicher, dass Süskind auch in diesem Text eine sehr ähnliche Wirkung erreicht: Die Figur des Jonathan Noel wird nie direkt charakterisiert, es werden vom Erzähler keine eindeutigen Aussagen getroffen, die der Leser als gegeben akzeptieren müsste; viel mehr erfolgt die Zuschreibung von Charakteristika auf subtiler, meist metaphorischer Ebene.

Einen großen Verdienst daran trägt die wiederholte Verwendung von Symbolen. Hierbei werden mögliche Aussagen über die Psyche Noels abstrahiert und auf der Ebene der Textwirklichkeit wiedergegeben. So entsteht zugleich eine enge Verbindung zur Tiefenpsychologie, die ja auch auf bedeutungsvolle Symbolik zielt, und die Möglichkeit, dem Leser zu suggerieren, welche Mechanismen hier tätig sind und waren, um aus der Figur Noel das zu machen, was er ist.

Eines der wichtigsten solcherart gelagerten Symbole ist das Zimmer, in dem Noel lebt. Hier dürfte auch gleich deutlich werden, was mit der Übertragung auf die Textwirklichkeit gemeint ist: Die Beschreibung des Weges, der zur Wohnung führt, symbolisiert die Zurückgezogenheit und die Einsamkeit, in die sich Noel nicht nur hier, sondern in allen Bereichen seines Lebens flüchtet: „Man erreichte das Zimmer über den Hinterhof, die enge Treppe des Lieferantenaufgangs und einen schmalen, von einem Fenster spärlich erhellten Gang. [...] Es [...] besaß als einzigen Komfort ein Bett, einen Tisch, einen Stuhl, eine Glühbirne und einen Kleiderhaken, sonst nichts." (*DT*, 8)

Diese Wohnung, das wird allein durch die Lagebeschreibung deutlich, bietet Noel die Rückzugsmöglichkeit, die er die meiste Zeit seines Lebens braucht. Nicht nur in der Lage am Ende eines düsteren Gangs, sondern auch in der Beschreibung der spärlichen Ausstattung liegt die übertragene Beschreibung seiner ebenso spärlichen Lebensführung. Er lebt am Rande seiner

---

[27] Söder, Thomas: *Studien zur deutschen Literatur. Werkimmanente Interpretationen zentraler Texte der deutschen Literaturgeschichte.* Berlin: LIT Verlag, 2008: S. 285

Umwelt wie das Zimmer am Ende des Gangs; er verbringt seine Tage in stumpfer, kaum durchbrochener Monotonie ohne Aufregungen wie die spartanische Einrichtung des Zimmers. Die Wohnung symbolisiert aber ungleich mehr. „Der Raum erreicht menschliche Eigenschaften"[28] und wird über die reine Schutzfunktion hinaus zu einem Ersatz für die fehlende Nähe zu anderen Menschen. Was ihm im Umgang mit anderen Menschen fehlt, kann er hier ausleben. Die Wohnung wird „seine Geliebte, denn sie umfing ihn zärtlich, seine kleine Kammer, wenn er abends heimkehrte, sie wärmte und schützte ihn, sie nährte ihn an Leib und Seele, war immer da, wenn er sie brauchte, und sie verließ ihn nicht." (*DT*, 12) Diese Beschreibung macht sogleich die symbolische Referenz deutlich – die Wohnung dient nicht nur als Ersatz für *irgendeine* Frau, mit der Noel sein Leben hätte verbringen mögen, nein, die Attribute, die er ihr zuschreibt, deuten auf eine ganz bestimmte Rolle hin: die Mutter. Ihn zu wärmen, zu schützen und zu nähren sind Eigenschaften, die allgemein hin den Pflichten einer Mutter zugeschrieben werden. Textimmanent, ohne dass es jemals direkt angesprochen wird, wird hier also auf einen zentralen psychologischen Grund für Noels neurotisches Verhalten hingedeutet.

Dass man diese Beschreibung der Wohnung Noels eigenen Gedanken zuschreiben kann und sie nicht von einer außen stehenden Erzählinstanz behauptet werden, liegt an der permanenten Nähe des Erzählers zur Figur. Die Handlung wird nämlich nicht von einer eindeutig und konsequent äußeren Instanz erzählt, sondern „es handelt sich […] um *personale* Sicht im engeren Sinne"[29], die es ermöglicht, jederzeit und oft genug beinahe unmerklich in die direkte Innensicht des Protagonisten zu wechseln, somit also immer wieder Szenen erlebter Rede einzuflechten. Ganz besonders deutlich wird dies an einer Stelle, an der Noel gegen Ende seines furchtbaren Arbeitstages, mit zerrissener Hose und zerstörter Selbstachtung, auf seinem Posten steht, seine Umgebung beobachtet und dabei seinem Hass auf sich selbst und die Welt freien Lauf lässt: Es beginnt mit der Beschreibung, dass „sein angestauter Selbsthaß […] aus ihm heraus" (*DT*, 76) quillt, und entwickelt sich im Laufe der folgenden drei Seiten sukzessive zu einer vollständigen inneren Beschreibung, die schließlich sogar über die erlebte Rede hinaus geht und in einer Art innerem Monolog endet.

Diese ständige Nähe zur Gedankenwelt Noels, auch wenn sie in den meisten Szenen durch einen Erzähler noch einmal gebrochen wird, muss dem Leser klarmachen, dass sich viele der Beschreibungen und Erklärungen, die sich im Text finden, aus der Sicht Noels ergeben. Hier kann also keinesfalls von objektiven Einsichten die Rede sein, sondern alles, was erzählt wird,

---

[28] A. a. O.: S. 289
[29] Vogt, Jochen: *Aspekte erzählender Prosa. Eine Einführung in Erzähltechnik und Romantheorie.* Opladen: Westdeutscher Verlag, 1990: S. 52

steht unter dem Einfluss von Noels Empfindungsbereich. Somit steckt der Text also voller unausgesprochener, grundlegender Begründungen und Erklärungen für das Verhalten Noels und somit lässt sich auch die Möglichkeit, Textwirklichkeit als Symbol für tiefer liegende Erklärungen zu deuten, begründen.

Solcherlei Symbolik findet sich insbesondere zum Schluss wieder. Wenn Noel seinen Arbeitstag hinter sich gebracht hat und aus Angst vor der Taube nicht in seine alte Wohnung zurückkehren kann, kristallisiert sich sein emotionaler Zustand an der scheinbar sachlichen Beschreibung des Hotelzimmers, das er sich nimmt: „Das Zimmer hatte also den Grundriß eines Sarges, und es war nicht viel geräumiger als ein Sarg." (*DT*, 89) Hier dürfte vollends deutlich werden, dass der Leser die Welt durch Noels Augen betrachtet – denn die düstere Stimmung, in die er verfallen ist, lässt ihn unwillkürlich die Analogie der Zimmerform zu der eines Sargs schließen, ohne dass feststeht, ob das Zimmer *tatsächlich* so sargförmig aussieht, wie es beschrieben wird.

Und ein letztes Symbol von fundamentaler Bedeutung für die Figur des Jonathan Noel ist schließlich das Gewitter, das Paris in der Nacht heimsucht, in der er im Hotelzimmer schlafen muss, mit der festen Absicht, sich am nächsten Tag umzubringen. „Es war eines jener Gewitter, die sich nicht sofort mit einer ganzen Serie von Blitz- und Donnerschlägen entladen, sondern eines, das sich sehr viel Zeit nimmt und seine Kräfte lange zurückhält." (*DT*, 90)

Auch Noel hat seine Kräfte lange zurückgehalten, den ganzen Tag über, der für ihn so schrecklich verlaufen ist und eine so bedeutende Wende seines Lebens eingeleitet hat. Die weitere Beschreibung des Gewitters macht dabei nicht nur die zerstörte aktuelle Situation Noels klar, sondern gibt auch einen Hinweis auf die Auflösung der Geschichte: Das Gewitter baut sich immer weiter auf, bis es irgendwann einen Punkt der unerträglichen Spannung erreicht, an dem es sozusagen explodieren muss. Noel hat diesen Punkt erreicht. Und als er durch den gewaltigen Donnerschlag aufwacht, entlädt sich gleichwohl die angestaute Energie seiner lange gehegten Neurose und eröffnet ihm, zu einem Zeitpunkt, an dem er gar nicht mehr damit gerechnet hat, eine Möglichkeit, dem Klammergriff seines alten, scheinbar bewährten Lebens zu entkommen und sich neu zu entfalten.

Wie jedoch sieht diese Neurose eigentlich aus? Es wird ja, wie bereits erläutert, an keiner Stelle offen über den Geisteszustand Noels gesprochen. Will man dem psychischen Befinden der Hauptfigur auf den Grund gehen, muss man sich wiederum an einem zentralen Element des Textes orientieren: der Taube.

Diese Taube, die Noels Leben von Grund auf verändert, tritt unbestreitbar als großes Symbol im Text auf. Das Markante an der ganzen Szene, in der Noel beim Verlassen seines Zimmers dem Tier begegnet, ist dabei nicht etwa ein etwaiges ungewöhnliches Verhalten der Taube – man mag vielleicht an Poes *The raven* denken – sondern ganz im Gegenteil ein völlig natürliches und unbedeutendes Auftreten.

Doch nicht für Noel: Schon die Beschreibung der Taube (an der man wiederum erkennen kann, dass sie durch die Augen Noels und nicht durch eine unparteiische Erzählinstanz erfolgt) erhebt sie zu einem beängstigenden, machtvollen Symbol: „Sie hatte den Kopf zur Seite gelegt und glotzte Jonathan mit ihrem linken Auge an. Dieses Auge […] war fürchterlich anzusehen. Es saß wie ein aufgenähter Knopf am Kopfgefieder, wimpernlos, brauenlos, ganz nackt, ganz schamlos nach außen gewendet und ungeheuer offen" (*DT*, 15). Schon diese letzten Attribute geben einen Hinweis darauf, welche Elemente denn eigentlich an dieser Taube so erschreckend auf Noel wirken: *nach außen gewendet* und *offen* sind Eigenschaften, die er nicht nur nicht besitzt, sondern die er kategorisch ablehnt.

Das Verhalten, das Noel als Reaktion auf den Anblick der Taube an den Tag legt, wird von einem Moment auf den anderen irrational. Er schließt sich in seinem Zimmer ein und muss sich erst einmal von seinem Schrecken erholen. Sodann bestürmen ihn Gedanken und Schreckvorstellungen darüber, wie die Taube sein Leben verwüsten könnte: „[…] wo eine Taube wohnt, kann ein Mensch nicht mehr leben, eine Taube ist der Inbegriff des Chaos und der Anarchie, eine Taube, das schwirrt unberechenbar umher, das krallt sich ein und pickt in die Augen […]" (*DT*, 18) Dies nur ein kleiner Auszug aus dem Gedankenstrom, dem sich Noel in dieser Situation hingibt.

An dieser Szene wird erneut das Vorgehen des Autors zur Charakterisierung seiner Figur deutlich. Ohne ein einziges Mal direkt zu erwähnen, worum es sich handelt, beschreibt er haargenau das Verhalten eines Menschen mit einer phobischen Überreaktion. Dass es sich bei Noels Verhalten um eine Angststörung, genauer um eine Phobie handelt, ist eindeutig: „Eine Angststörung liegt vor, wenn die Angst grundlos und/oder übermäßig auftritt und den Betroffenen in seinem Lebensvollzug beeinträchtigt."[30] Diese unbestreitbar auf Jonathan Noel zutreffende Beschreibung wird für Phobien noch einmal spezifiziert: Phobien sind dadurch gekennzeichnet, dass „sich die Angst auf bestimmte Situationen und Objekte"[31] richtet. Neben sozialen Phobien gibt es auch so genannte spezifische Phobien. Die durch solche Phobien ausgelösten Ängste „können auch vor ganz bestimmten Tieren auftreten, die zumindest in unseren Breiten selten gefährlich sind."[32] Damit ist auch gleich ein wichtiger Indikator der Frage genannt, ob es sich bei einer Angstreaktion um eine Phobie handelt: Die Angst muss

---

[30] Hobmair, Hermann (Hrsg.): *Psychologie*. Troisdorf: Bildungsverlag EINS, 2003: S. 458
[31] Ebd.
[32] A. a. O.: S. 459

vor nachvollziehbar irrationalen, weil ungefährlichen Objekten, erfolgen. Begegnete Noel vor seiner Tür einer Klapperschlange, wäre seine Angst sicherlich nicht phobisch zu nennen und seine Reaktion würde auch nicht als übertrieben aufgefasst.

So wird also, ohne dass das Wort Phobie nur ein einziges Mal genannt wird, im Text deutlich, dass Noel unter einer Phobie leidet. Ob sich diese Phobie ganz speziell auf Tauben richtet oder allgemeine, ähnlich gelagerte Objekte umfasst, wird nicht geklärt und scheint auch irrelevant. Viel wichtiger ist wohl die Frage, woher diese Phobie und die mit ihr verbundene Neurose, die sich an der Menschenscheu und Zurückgezogenheit Noels offenbart, stammt. Kurz gesagt: Der Text gibt keine eindeutige Antwort. Auch wenn er ganz offensichtlich den Theorien und Prinzipien der Tiefenpsychologie folgt, vermeidet er jeden direkten und offenen Kontakt zu dieser psychologischen Strömung. Der genaue Grund für die Entstehung der Phobie Noels wird nie erörtert. Es gibt jedoch eine Folge von Hinweisen, die sich in der einleitenden Rückblende der Novelle finden, in der ein kurzer Abriss von Noels Kindheit und Jugend erfolgt.

Noels frühe Kindheit zur Zeit des Zweiten Weltkriegs – wiederum eine bedeutende Tatsache, die nur durch die Jahresangabe 1942 klargemacht und sonst mit keinem Wort erwähnt wird – ist bestimmt durch das wiederholte Verschwinden ihm wichtiger Personen. Im Grunde verliert er im Lauf der Jahre jede für ihn bedeutsame Bezugsperson. Sein junges Leben ist also gekennzeichnet durch eine ganze Reihe von Verlust-Traumata, die sich bis ins junge Erwachsenenalter vollziehen: „die Deportation seiner Eltern 1942 im von den deutschen Truppen besetzten Frankreich, sowie die Flucht zum Onkel, die Enttäuschungen durch die Auswanderung seiner Schwester nach Kanada, [...] das frühe Durchbrennen seiner ihm vom Onkel bestimmten Frau"[33].

Seine einprägsamsten und tiefsten Eindrücke bestehen also in dem wiederholten Vertrauensverlust in ihm nahe stehende Personen. Auch wird an dieser Textstelle deutlich, dass sein Leben von Kindheit an durch äußere Bestimmungen gelenkt wurde – das Verschwinden der Eltern bewirkt einen Zwangsumzug zum Onkel, der ihn wiederum zum Arbeiten auf dem Feld zwingt. So wird die eigene Passivität zum Grundstein von Noels jungen Erfahrungen. Ein deutlicher Hinweis auf den Ursprung seiner späteren Neurose und des tiefen Wunsches, passiv und unbemerkt von seiner Umwelt sein Dasein fristen zu können. Das Vertrauen in Menschen ist so oft und so fundamental enttäuscht worden, dass er keine Nähe mehr wünscht. Hierbei muss wieder eindeutig festgehalten werden, dass derlei Interpretationen im Text zu keinem Zeitpunkt auftauchen. Die Beschreibung von Noels Kindheit beschränkt sich konse-

---

[33] Freudenthal, David: *Zeichen der Einsamkeit. Sinnstiftung und Sinnverweigerung im Erzählen Patrick Süskinds*. Hamburg: Verlag Dr. Kovač, 2005: S. 105

quent auf eben nur eine beschreibende Funktion. Es wird dem Leser überlassen, eigene Schlussfolgerungen aus diesen Ereignissen zu ziehen. Dass hier aber überhaupt die Kindheit in solch einen Fokus gerückt wird, macht angesichts der ebenfalls vorhandenen Parallelen zu Noels späterem Verhalten deutlich, dass sich hier aller Wahrscheinlichkeit nach auf eine tiefenpsychologische Sichtweise konzentriert wurde, in der ja Traumata, die in der Kindheit durchlebt werden, als grundlegende Voraussetzungen für spätere Verhaltensweisen und Neurosen angesehen werden.

Doch im gleichen Maße, in dem die negativen Erfahrungen seiner Kindheit als Grundlage seines zwanghaften Verhaltens im Erwachsenenalter dargestellt werden, wird ebenfalls schon in dieser Rückblende ein Schlüsselelement für Noels Ausbruch aus seiner Neurose geliefert: das Gewitter und der damit verbundene Heimweg, auf dem Noel „mit nackten Füßen auf dem warmen, nassen Asphalt gegangen und durch die Pfützen gepatscht" (*DT*, 5) war. Die Analogie dieser Szene zu der finalen Sequenz, in der er nach dem Gewitter über Paris, das ihn, wie bereits beschrieben, aus seiner Angst befreit, ebenfalls, wenn auch nicht mit nackten Füßen, „mit Fleiß durch die Pfützen" (*DT*, 98) läuft, ist so auffällig, dass sie neben ihrer literarischen Symbolfunktion als Ausbruch aus seinem ewigen Kreislauf ebenso als psychologisches Phänomen gedeutet werden muss: Der offenkundige Rückfall in kindliches Verhalten bedeutet – wiederum in Anlehnung an eine tiefenpsychologische Theorie zur Entstehung und Bekämpfung von Phobien – eine Gegenwehr gegen die Mechanismen, denen er bis dahin wehrlos ausgeliefert war. Dieses Regression genannte Verhalten deutet also auf rein psychologischer Ebene darauf hin, dass Noel einen Weg gefunden hat, die geistigen Schranken, die er sein Leben lang aufgebaut hatte, wieder einzureißen.

Im literarischen Sinne ist das Symbol, wie bereits erwähnt, deutlich zu erkennen, dass Noel durch die Erfahrungen des vergangenen Tages einen Ausbruch aus seinem eigenen geistigen Gefängnis hat unternehmen können. Dem entspricht auch das völlige Fehlen jeglichen Anzeichens der Taube, als er am Ende wieder zu seiner Wohnung zurückkehrt. Die Taube, die so viel Schrecken und Angst für ihn bedeutet hat, hat sich letztlich zum Schlüssel gewandelt, mit dem er sein Leben befreien kann.

4. Vergleichende Analyse

Nachdem nun also zwei Werke Patrick Süskinds, die als Stellvertreter für die Phase vor beziehungsweise nach dem Roman *Das Parfum* gelten sollen, in größerer Ausführlichkeit untersucht worden sind, gehen wir nun einen Schritt weiter und wenden uns der Frage zu, in welchem Verhältnis diese beiden Texte zueinander stehen.

Dabei soll in erster Linie untersucht werden, inwieweit sich auf inhaltlicher und formaler Ebene Gemeinsamkeiten und Unterschiede zwischen den Werken aufzeigen lassen. Wie schon an früherer Stelle erwähnt, bedeutete ja das Theaterstück *Der Kontrabaß* in gewisser Weise den ersten Durchbruch für den Autor, während die Novelle *Die Taube* zu einem Zeitpunkt erschien, an dem er sich bereits einen bedeutsamen Platz in der deutschsprachigen Literaturszene gesichert hatte.

Da zum einen die formalen Merkmale zwischen den beiden Texten bereits durch ihre unterschiedliche Gattungszugehörigkeit schwer miteinander vergleichbar sind und in dieser Arbeit sowieso das Ineinandergreifen von Literatur und Psychologie im Mittelpunkt stehen soll, werden sich die Vergleiche in erster Linie auf die Darstellung und Charakterisierung der Figuren sowie auf die vorgeführten Problematiken und Lösungsvorschläge konzentrieren. Dabei soll auch durchaus die Darstellungsweise in *Das Parfum* berücksichtigt werden, fungiert der Roman doch schließlich als Angelpunkt der Untersuchungen. Das Hauptaugenmerk liegt aber weiterhin auf den beiden bisher analysierten Texten.

4.1 Kontinuitäten im Werk

Vergleicht man *Der Kontrabaß* und *Die Taube* auf inhaltlicher Ebene miteinander, fällt wohl zunächst eine ganze Reihe von Parallelen ins Auge. Größte Ähnlichkeit dürfte zwischen den Hauptfiguren herrschen: Sowohl in ihrer lokalen Einordnung als auch in ihrer Situierung, was Lebensstil und Zufriedenheit mit diesem angeht, herrscht, sieht man von den einzelnen Details ab, große Einigkeit.

Da ist auf der einen Seite der Kontrabassist, der zurückgezogen in seiner schallisolierten Wohnung lebt und seinen Kontrabass zu einer Ersatzfigur für reale Menschen, besonders für eine Geliebte, stilisiert hat. Und auf der anderen Seite Jonathan Noel in seiner kleinen, abseits gelegenen Wohnung, der das Zimmer an sich als Kompensationspunkt für mitmenschlichen Umgang ansieht. Es dürfte wohl kaum bestreitbar sein, dass die Einsamkeit das große Thema Patrick Süskinds ist – die Mechanismen ihrer Entstehung ebenso wie ihre Auswirkungen auf die Psyche der Betroffenen. So verwundert es vielleicht nicht, dass der Kontrabassist und Jonathan Noel nicht die einzigen Figuren sind, die sich in Süskinds Schaffen bis zu einem gewissen Grad ähneln. David Freudenthal sieht den Kontrabassisten gar als eine Art Initialfigur, als „die erste Figur der Reihe einsamer Gestalten bei Patrick Süskind, die nach Grenouille von den Protagonisten der folgenden Texte fortgeführt wird."[34]

Tatsächlich erweisen sich die Figuren bei näherer Betrachtung als einander ähnlicher, als nur in Bezug auf ihre groben Lebensumstände. Sowohl der Kontrabassist als auch Noel – und nicht zuletzt, vielleicht sogar in ganz besonderer Weise, Jean-Baptiste Grenouille – haben ihre Sinnsuche, ihren Wunsch nach einer Sinngebung des eigenen Lebens, auf einen speziellen Beruf respektive eine Berufung ausgerichtet: Der Kontrabassist ist der Musik zugetan, mehr noch, sie ist sein gesamter Lebensinhalt: „Goethe sagt: ‚Die Musik steht so hoch, daß kein Verstand ihr beikommen kann, und es geht von ihr eine Wirkung aus, die alles beherrscht und von der niemand imstande ist, sich Rechenschaft zu geben'. Dem kann ich nur zustimmen." (*DK*, 63) Jonathan Noel findet sein Heil und seine Bedeutung in seinem Beruf als Bankwachmann: „Wie eine Sphinx [...] war der Wachmann. Er wirkte nicht durch eine Aktion, sondern durch die bloße körperliche Präsenz. [...] Und allein im Bewußtsein dieser symbolischen Macht, die seinen ganzen Stolz und seine Selbstachtung ausmachte [...] stand Jonathan Noel auf den Marmorstufen vor der Bank" (*DT*, 44) Und, durchaus in Analogie dazu, widmet Grenouille in *Das Parfum* sein Leben der Aufgabe, den perfekten Duft zu kreieren.

Über diese bloße äußerliche Parallelität hinaus wird aber auch in jeder dieser Beziehungen zwischen Figur und Berufung eine psychologische, symbolische Verkettung deutlich: Der Kontrabassist flüchtet sich in die Macht, in die Reinheit der Musik, um seinem ansonsten leeren Leben eine Bedeutung zu verleihen; darüber hinaus erfährt er als eines von vielen Mitgliedern des Orchesters aber auch die Anonymität, die er sein Leben lang gewohnt ist. Und Noel findet nicht nur einzig in seinem Beruf als Wachmann Bedeutung, darüber hinaus entspricht dieser Beruf auch noch seinen innersten Lebenswünschen – *die bloße körperliche Präsenz* ist alles, dessen er bedarf; keine Aktion, kein Handeln wird von ihm verlangt. So findet er Erfüllung in seinem Beruf gerade dadurch, dass er in ihm seinem Hang zur Passivität vollkommen nachgeben kann.

In beiden Fällen sind die Figuren also von Einsamkeit und Zurückgezogenheit geprägt, und in beiden Fällen werden die Ursachen für diesen Lebenswandel nach dem gleichen Muster erklärt. Oder besser gesagt, sie werden nur angedeutet. Beide Male finden sich textimmanente Hinweise darauf, dass der Psychologisierung der Akteure eine Orientierung an tiefenpsychologischen Theorien zugrunde liegt. Es kann also durchaus davon ausgegangen werden, dass der Autor dieser Strömung der Psychologie eine gewisse Bedeutung beimisst. Die Realisie-

---

[34]   Freudenthal, David: *Zeichen der Einsamkeit. Sinnstiftung und Sinnverweigerung im Erzählen Patrick Süskinds.* Hamburg: Verlag Dr. Kovač, 2005: S. 104

rung dieser psychologischen Grundlagen im Text erfolgt dann jedoch auf deutlich unterschiedliche Weise und wird also im folgenden Kapitel näher behandelt.

Trotz der formalen Unterschiedlichkeit der Texte erfolgt, wie gerade gesagt, die Ursachenforschung für das Verhalten der Figuren auf ausschließlich angedeutete Art und Weise. So gibt es in beiden Werken kurze, meistens nur knapp beschreibende Rückblenden auf Kindheit und Jugend der Figuren: Der Kontrabassist spricht selbst kurz über die Gründe, aus denen er seiner Meinung nach seinen Beruf gewählt hat: „Aus Haß auf den Vater beschließe ich, nicht Beamter, sondern Künstler zu werden; aus Rache an der Mutter aber am größten, unhandlichsten, unsolistischsten Instrument" (*DK*, 39). Und Kindheit und Jugend Jonathan Noels werden, wie bereits an früherer Stelle ausführlich dargestellt, gleich zu Beginn der Novelle zusammengefasst.

In beiden Fällen verweigert sich der Erzähler einer Deutung dieser Kindheitsereignisse oder auch nur einem Hinweis auf die Zusammenhänge zwischen der erzählten Geschichte und jener Rückblende. Die Interpretationsarbeit bleibt voll und ganz dem Leser überlassen, dem also zumindest ein grundlegendes Verständnis über psychologische Wirkungsmechanismen unterstellt wird. Ob nun tatsächlich eine Intention in tiefenpsychologischer Richtung vorlag, kann natürlich keinesfalls bewiesen werden. Die Deckungsgleichheit mit verschiedenen Theorien und Modellen dieser Richtung, die bei der Behandlung der einzelnen Texte aufgezeigt wurde, stellt jedoch ein schlagfertiges Argument für diese Interpretation dar.

Diese Vorgehensweise, einen zentralen Hinweis auf die Hintergründe der Figur zu geben, ohne je direkt auf die Wirkungsmechanismen zu sprechen zu kommen, findet sich auch im Roman *Das Parfum*. Ein Motiv, das sich offenbar durch die meisten Süskindschen Texte zieht, ist die symbolische Verbindung schon der beschriebenen Kindheit mit einem später zentralen Element des Textes – in diesem Fall, dem Geruch: „Hier nun, am allerstinkendsten Ort des gesamten Königreichs, wurde am 17. Juli 1738 Jean-Baptiste Grenouille geboren." (*DP*, 7) Diese Aufladung des Textes mit später bedeutsamer Symbolik findet sich auch in den beiden behandelten Geschichten: Der Kontrabassist wurde durch seine, wie er selbst sagt, musisch versponnene Mutter beeinflusst; Jonathan Noel erlebt von Kindheit an beinahe ausschließlich Einsamkeit und Passivität. Diese Analogien sind nicht nur in literarischer Hinsicht symbolische Verkettungen mit den späteren Schicksalen der Figuren, sondern lassen sich wiederum aus psychologischer Perspektive als logische innere Entwicklungen, die durch äußere Einflüsse bestimmt werden, interpretieren.

So lässt sich also, geht es um eine vergleichende Betrachtung der Werke Süskinds, sagen, dass es sowohl eine thematische als auch formale Kontinuität in seinen Texten zu entdecken gibt. Süskinds großes Thema ist die Einsamkeit, oder viel mehr, sind die Hintergründe und Verhaltensmuster von Menschen, die ihr Leben in Einsamkeit fristen. Dabei geht es auch stets um die Frage, inwieweit diese Einsamkeit durch den Einzelnen erwünscht ist oder verdammt wird.

Auf formaler Ebene lässt sich die Umsetzung dieser Thematik in groben Zügen ebenfalls parallelisieren. Immer wieder wird beschreibender Weise auf Ereignisse und Erfahrungen der Figuren in ihrer Kindheit eingegangen, die eigentlichen Zusammenhänge bleiben jedoch stets verdeckt oder ungenannt. So hat David Freudenthal wohl Recht, wenn er sagt, dass „in den Texten von Patrick Süskind bestimmte Konstellationen anzutreffen sind, die durch eine gemeinsame Linie miteinander verwebt sind."[35] Diese Linie mag man Einsamkeit nennen oder, wieder in Anlehnung an Freudenthal, „befremdendes Benehmen"[36] von Hauptfiguren, die sich von ihrer Umwelt ausgegrenzt und missverstanden fühlen. Nachdem diese wichtigen Zusammenhänge nun aufgedeckt sind, wollen wir uns ansehen, inwieweit sich die Texte, sei es durch Weiterentwicklung oder Zurücknahme, voneinander unterscheiden.

4.2 Unterschiede & Entwicklungen

Betrachtet man zunächst einmal den zentralen Aspekt, den beide Texte, *Der Kontrabaß* und *Die Taube*, gemeinsam haben, nämlich die Anwendung psychologischer Theorien zur Charakterisierung der Hauptfiguren, lässt sich neben den bereits besprochenen Gemeinsamkeiten eine auffällige Differenz nicht in der theoretischen Grundlage, sondern in der Ausführung eben dieser erkennen.

Schon bei der Analyse des Theaterstücks *Der Kontrabaß* wurde deutlich, dass die Psychoanalyse oder, als ihr übergeordnete, allgemeinere Einteilung, die Tiefenpsychologie, auf dem Weg der eindeutigen Negation als Interpretationsmodell im Text etabliert wurde. An einer entscheidenden Stelle des Werkes, an der der Kontrabassist über sich und seine Kindheit spricht, sagt er zusammenfassend: „Soviel zur psychoanalytischen Seite des Instruments. Bloß hilft diese Erkenntnis nicht viel, weil … die Psychoanalyse ist ja am Ende." (*DK*, 40) Im Gegensatz dazu wird bei *Die Taube* nicht mit einem einzigen Wort auch nur ein psychologischer Begriff gebraucht – hier erschließt sich alles über eine stark detaillierte, geradezu minutiöse Beschreibung der Handlungen und Empfindungen Jonathan Noels. Nur durch diese genaue Darstellung lässt sich eine Schlussfolgerung auf ein phobisches Verhalten Noels überhaupt rechtfertigen.

---

[35] Freudenthal, David: *Zeichen der Einsamkeit. Sinnstiftung und Sinnverweigerung im Erzählen Patrick Süskinds*. Hamburg: Verlag Dr. Kovač, 2005: S. 1

[36] Ebd.

34

Diese auffälligen Unterschiede in der Behandlung der zugrunde liegenden Theorien zeugen von einer wachsenden Differenzierung zwischen Inhalt und Form. Während *Der Kontrabaß* noch auf die Auflösung selbst angewandter Techniken setzt, um eine Art Metaebene des Textes zu erreichen – und das in textlicher als auch inhaltlicher Weise, denn durch das Erwähnen der Psychoanalyse durch den Kontrabassisten selbst wird ja auch deutlich, dass er zwar intelligent genug ist, über solcherlei Dinge Bescheid zu wissen, aber nicht über die nötige Fähigkeit zur Selbstreflexion verfügt, um seine eigenen inneren Probleme zu erkennen – löst sich in *Die Taube* die theoretische Grundlage vollkommen in der Geschichte auf. Hier erfolgt ein vollständiger Verzicht auf jedweden Rückbezug auf wissenschaftliche Theorien; stattdessen wird das Verhalten der Figur so genau beschrieben, dass dem Leser selbst die Analogie zu psychologischen Erklärungsmustern auffallen muss.

Auch auf der symbolischen Ebene der Texte finden sich grundlegende Unterschiede, besonders in Bezug auf die jeweilige Auflösung der Handlung. Hier lässt sich gar eine konstante Entwicklung erkennen, zu deren Offenlegung wiederum ein weiterer Vergleich mit dem Roman *Das Parfum* erfolgen soll.

Betrachtet man also die Auflösungen der Geschichten, lässt sich eine Wandlung in Richtung immer eindeutigerer Einschnitte nachvollziehen. Der Kontrabassist beendet seinen Monolog mit der Ankündigung, er wolle in der bevorstehenden Aufführung mitten auf der Bühne laut seine Liebe zu der Sängerin herausschreien und damit einen Skandal und seine Entlassung provozieren. Dies käme, wie bereits im entsprechenden Kapitel erläutert, einem sozialen, symbolisierten Selbstmord gleich. Nun lässt der Text jedoch keinen eindeutigen Schluss darauf zu, ob der Kontrabassist tatsächlich den Mut aufbringen wird, diese Tat auszuführen. Das ganze Werk hindurch lässt sich die Figur in Tagträumen und Wunschvorstellungen darüber aus, wie er sein Leben verändern könnte, ohne je etwas davon wirklich getan zu haben. Und selbst wenn er am Ende voll und ganz überzeugt von seinem Vorhaben scheint, bleiben auch hier Zeichen der Schwäche: „Vielleicht tu ich es wirklich. Vielleicht geh ich jetzt hin, so wie ich bin, stelle mich hinein und tue diesen Schrei" (*DK*, 95). Selbst in seiner scheinbar mutigsten Stunde bleiben seine Pläne mit einem *vielleicht* behaftet. *Der Kontrabaß* endet mit der unbewussten Erkenntnis, dass die Hauptfigur so tief in seiner Einsamkeit und der Formelhaftigkeit seines Alltags versunken ist, dass es ein beinahe aussichtsloser Kampf ist, daraus entkommen zu wollen. Ob er die Kraft aufbringen wird oder nicht, bleibt für alle Zeiten offen.

Ganz anders sieht es aus in *Das Parfum*. Unabhängig davon, dass sich die Figur des Grenouille durch seine grundsätzliche, seiner Abscheu vor Kontakt mit Mitmenschen entgegen gesetzten Aktivität auf der Suche nach dem perfekten Duft von dem Kontrabassisten und Jonathan Noel unterscheidet, bildet auch sein Ende bereits eine Weiterentwicklung des *Kontrabaß*-Motivs. Nachdem alle Ziele und Lebenspläne Grenouilles für immer verloren sind, zögert er nicht lange und bringt den Mut auf – und eine solche Interpretation legt die Beschreibung jener letzten Momente im Roman nahe – seinem sich selbst sinnlos erscheinenden Schicksal ein Ende zu machen. Und indem er dieses Ende durch die Überreizung mit seinem perfekten Geruch herbeiführt, nimmt er sogleich eine symbolische Vollendung seines Lebens an, der es den anderen Süskindschen Figuren konsequent mangelt: „Dies war das erste, woran sich alle erinnern konnten: daß da einer stand und ein Fläschchen entstöpselte. Und dann habe er sich mit dem Inhalt dieses Fläschchens über und über besprenkelt und sei mit einem Mal von Schönheit übergossen gewesen wie von strahlendem Feuer." (*DP*, 318) Das Ende Grenouilles steht also in einem beinahe direkten Kontrast zu der nur geplanten Erlösung des Kontrabassisten. Trotz der düsteren Erkenntnis, dass nichts denn der Tod dem Leben Grenouilles einen weiteren Sinn geben kann, ist diese Auflösung angesichts ihrer Kraft, des Mutes und des Erlösungsanspruchs eine deutlich positivere als diejenige in *Der Kontrabaß*.

Und eine weitere Stufe auf dieser Leiter in Richtung einer hoffnungsvollen Auflösung der Problematik stellt das Ende von *Die Taube* dar. Auch Jonathan Noel sieht sich auf dem Höhepunkt der über ihn hereingebrochenen Katastrophe mit Selbstmordabsichten konfrontiert, steht damit also in einer Reihe mit dem Kontrabassisten und Grenouille. Doch im Gegensatz zu diesen beiden Geschichten endet *Die Taube* nicht mit dem geplanten oder tatsächlich durchgeführten Selbstmord der Hauptfigur. Im letzten Moment, wenn bereits alles verloren und der Selbstmordplan felsenfest scheint, gelingt es Noel, seine Neurose zumindest so weit zu überwinden, dass er wieder in logische, rationale Denkmuster zurückfindet. Die dafür nötigen Prozesse – das Gewitter und die an den Pfützen ausgelebte Regression Noels – sind im entsprechenden Kapitel ausführlich behandelt worden. So gelingt ihm also als Einzigem dieser Drei, das, was den Inhalt seines alten Lebens bestimmte, zu überwinden und die Hoffnung auf einen Neuanfang zu gewinnen. Dies wird in metaphorischer Weise mit dem Verschwinden der Taube bei seiner Rückkehr deutlich: „Der Gang war vollkommen leer. Die Taube war verschwunden. Die Kleckse auf dem Boden waren fortgewischt. Kein Federchen, kein Fläumchen mehr, das auf den roten Kacheln zitterte." (*DT*, 100)

Diese Entwicklung zu immer positiveren Auflösungen hin erfährt mit *Die Geschichte von Herrn Sommer* einen starken Bruch (so wie diese gesamte Geschichte in ihrer formalen und inhaltlichen Gestaltung deutlich von den vorherigen Texten abweicht), der aber wiederum durch die Fokussierung auf einen Jungen als Erzählerfigur, der im Kontrast zur gescheiterten

Existenz des Herrn Sommer sein ganzes Leben noch vor sich hat, relativiert wird. Vergleicht man die Werke von *Der Kontrabaß* bis zu dieser Stelle, ist eine deutliche Entwicklung zu einer lebensbejahenden Aussagekraft der Texte keinesfalls von der Hand zu weisen. Aus einer hoffnungslosen Verlorenheit in den zerbrochenen Lebensentwürfen der Figur zeigen sich mit Fortlauf der Geschichten neue, wenn auch zaghafte Lösungsmöglichkeiten.

Parallel zu dieser Entwicklung zeigt sich auch ein stetiger Wandel in der sozialen Situierung der Figuren. Vom Kontrabassisten, der sein Leben der Kunst der Musik gewidmet hat, hin zu Noel, der sein Leben einem Job als Bankwachmann widmet, erfolgt ein deutlicher Rückgang der metatextlichen Selbstbezogenheit. Gab es in *Der Kontrabaß* noch eine ganze Reihe künstlerischer Selbstreflexionen über Wesen und Art der Musik im Speziellen und der Kunst im Allgemeinen, fehlen solche offenkundigen Gedankenspiele in *Die Taube* vollständig. Der anfängliche Bezug auf das eigene Erfahrungsfeld des Autors, der zumindest teilweise auch noch in *Das Parfum* bestehen blieb, wird also immer weiter aufgelöst, ebenso wie die Anwendung psychologischer Theorien immer stärker in den Hintergrund des Textes tritt und für einen unbefangenen Leser im Grunde unsichtbar wird. Hierbei ist es wieder *Die Geschichte von Herrn Sommer*, die dieser Entwicklung einen gewissen Abbruch tut. Sowohl die angedeutete selbstreflexive Ebene dieses Textes als auch die bereits besprochene, deutlich negativ konnotierte Auflösung laufen der Entwicklung, die von *Der Kontrabaß* über *Das Parfum* bis zu *Die Taube* einen beinahe geraden Verlauf nimmt, entgegen. Das soll aber keinesfalls bedeuten, diese Entwicklungsinterpretation sei falsch. Viel mehr stellt *Die Geschichte von Herrn Sommer* wohl eine Art Neustart dar, auf den einzugehen hier allerdings angesichts der begrenzten thematischen Verknüpfung keine weitere Energie aufgewandt werden soll.

Anhand dieser Texte lässt sich also sehr deutlich die Entwicklung im frühen Schaffen Süskinds aufzeigen, die hin zu einer immer subtileren und vielschichtigeren Anwendung der grundlegenden Modelle und Ansichten geht. Diese Werkauswahl sollte einen Überblick über die Entwicklung und den Einsatz psychologischen Wissens und literarischer Techniken in Süskinds Texten geben und somit eine gewisse Orientierung für vorhandene, wenn auch nicht ausschließliche Interpretationsmöglichkeiten geben. Fassen wir abschließend noch einmal zusammen.

5. Zusammenfassende Betrachtung

Grundsätzlich geht aus den vorherigen Untersuchungen hervor, dass die Texte von Patrick Süskind sehr stark auf psychologischen Erklärungsmodellen beruhen. Die Annahme, diese Modelle entstammten der Tiefenpsychologie, ist angesichts vereinzelter, immer wieder zu findender Hinweise und der Deckungsgleichheit mit einigen Theorien dieser Richtung nahe liegend. Allerdings soll an dieser Stelle noch einmal explizit darauf hingewiesen werden, dass speziell das Feld der Psychologie ein sehr komplexer wissenschaftlicher Bereich ist, in dem viele Ansätze und Erklärungen sich überschneiden oder Lücken aufweisen, die nur durch andere Ansätze abzudecken sind. Die Grundannahme, auf der diese Arbeit fußt, nämlich dass eben Patrick Süskind tiefenpsychologische Kenntnisse für die Erstellung und Ausarbeitung seiner Texte und insbesondere seiner Figuren heranzieht, stützt sich auf die bei der Textanalyse aufgedeckten Zusammenhänge und Details, soll aber keinesfalls einen umfassenden Gültigkeitsanspruch anvisieren.

Nimmt man diese Auffassung jedoch als gegeben, lässt sich an den behandelten Texten weiterhin eine deutliche, im vorigen Kapitel beschriebene Entwicklung zu immer differenzierteren Anwendungen dieser Theorien nachvollziehen. Die Figuren werden komplexer, ihr Verhalten wird nicht mehr mit so offensichtlichen Symbolen umschrieben wie es noch in *Der Kontrabaß* der Fall ist, und auch die Auflösungen entwachsen der anfänglichen Offenheit für weiterführende Interpretationen.

Dennoch bleibt das Grundthema in kaum veränderter Gestaltung über eine ganze Reihe von Geschichten hinweg dasselbe. Ob in *Der Kontrabaß* oder *Die Taube* – es geht um Einsamkeit, um soziale und psychische Prozesse, die diese Einsamkeit bedingen, beeinflussen und entwickeln können. Das Motiv des vereinsamten, isolierten Mannes, der sich durch eine offensichtlich von der Masse der Menschen abweichende Weltsicht in seine Lage manövriert hat, zieht sich durch einen Großteil des hier behandelten Schaffens Süskinds.

Dabei lässt sich ebenfalls eine weiterführende symbolische Akzentsetzung in den Texten nachweisen, wie es Frank Degler in seiner Einleitung aufzeigte. Während „'Der Kontrabaß' […] primär akustisch codiert ist"[37], lässt sich zum Beispiel *Das Parfum* über den olfaktorischen Charakter als bestimmendes Merkmal beschreiben. Ähnliches erfolgt, wenn auch in kleinerem Umfang, in *Die Taube* mit der Beschreibung der Wichtigkeit des Jobs eines Bankwachmanns: „Und dennoch waren sie einander gleich, wie Jonathan fand, die Sphinx und der Wachmann, denn ihrer beider Macht war nicht instrumentell, sie war symbolisch." (*DT*, 45) Wiederholt definiert sich also die Existenzberechtigung der Süskindschen Figuren in ihren

---

[37] Degler, Frank: *Aisthetische Reduktionen. Analysen zu Patrick Süskinds ‚Der Kontrabaß', ‚Das Parfum' und ‚Rossini'.* Berlin: de Gruyter, 2003: S. 17

Berufen, losgelöst von privaten Anstrengungen zu zwischenmenschlichen Kontakten. Die Einsamkeit der Figuren erstreckt sich also bis in die symbolischen Elemente der Texte hinein, oder viel mehr sind die Texte so stark von symbolischer Bedeutung aufgeladen und durchdrungen, dass sich eine strikte Unterscheidung von Form und Inhalt kaum mehr bewerkstelligen lässt. Wie bereits an den einzelnen Beispielen ausgeführt wurde: Die Form des Theaterstücks *Der Kontrabaß* bildet einen zwingenden Hintergrund für die Entwicklung des Charakters, die darin erfolgt, ebenso wie die minutiöse, detailversessene Darstellung in der Novelle *Die Taube* notwendiges Charakteristikum für die Etablierung verschiedener Interpretationsmöglichkeiten ist.

Man kann also zusammenfassend sagen, dass die Texte von Patrick Süskind über eine sehr verdichtete, komplexe Figurenpsychologisierung und Symbolik funktionieren, die dem Leser gewisse Deutungsweisen nahe legen, ohne jedoch je eindeutige Anweisungen oder Aussagen zu treffen.

Die Durchdringung der Texte mit psychologischen Theorien ist dabei kaum von der Hand zu weisen, und dass die Interpretationen letztlich nicht an einem Rückgriff auf diese Erklärungsmuster vorbei kommen, lässt sich wohl besonders deutlich an den behandelten Texten aufzeigen.

Patrick Süskind erweist sich somit als einer der komplexesten Autoren unserer Zeit, der es immer wieder versteht, erzähltechnische Symbolik mit psychologisch fundierter Hintergrundarbeit zu verknüpfen und damit einige der schillerndsten Figuren der modernen Literatur zu erzeugen. Diese Arbeit sollte zumindest einen kleinen Teil zum Verständnis dieses Figurenarsenals beigetragen haben, auch wenn es natürlich noch viele Aspekte gibt, unter denen die Texte ebenso hätten behandelt werden können.

Das Ziel jedoch, die Verknüpfung literarischer Techniken und psychologischen Wissens in den Texten Süskinds nachzuweisen und zu analysieren, sollte damit erreicht sein. Auch wenn dies nur eine von vielen Facetten bleibt, die Texte wie *Der Kontrabaß*, *Das Parfum* oder *Die Taube* immer wieder aufwerfen. Wie bereits in der Einleitung gesagt: Die Zahl der Interpretationen und Analysen mit verschiedenen Schwerpunkten zu Süskinds Texten ist gewaltig. Diese Arbeit soll einen weiteren Aspekt beleuchten – nicht mehr und nicht weniger.

Siglenverzeichnis:

DGvHS: Süskind, Patrick: *Die Geschichte von Herrn Sommer*. Zürich: Diogenes Verlag. 1994

DK: Süskind, Patrick: *Der Kontrabaß*. Zürich: Diogenes Verlag, 1995

DP: Süskind, Patrick: *Das Parfum. Die Geschichte eines Mörders*. Zürich: Diogenes Verlag. 1994

DT: Süskind, Patrick: *Die Taube*. Zürich: Diogenes Verlag, 1990

Literaturverzeichnis

Primärliteratur:

Süskind, Patrick: *Das Parfum. Die Geschichte eines Mörders.* Zürich: Diogenes Verlag. 1994

Süskind, Patrick: *Der Kontrabaß.* Zürich: Diogenes Verlag, 1995

Süskind, Patrick: *Die Geschichte von Herrn Sommer.* Zürich: Diogenes Verlag. 1994

Süskind, Patrick: *Die Taube.* Zürich: Diogenes Verlag, 1990

Sekundärliteratur:

Burdorf, Dieter u.a. (Hrsg.): *Metzler Lexikon Literatur.* Stuttgart: Verlag J. B. Metzler, 2007

Degler, Frank: *Aisthetische Reduktionen. Analysen zu Patrick Süskinds ,Der Kontrabaß', ,Das Parfum' und ,Rossini'.* Berlin: de Gruyter, 2003

Freudenthal, David: *Zeichen der Einsamkeit. Sinnstiftung und Sinnverweigerung im Erzählen Patrick Süskinds.* Hamburg: Verlag Dr. Kovač, 2005

Hobmair, Hermann (Hrsg.): *Psychologie.* Troisdorf: Bildungsverlag EINS, 2003

Martinez, Matias/Scheffel, Michael: *Einführung in die Erzähltheorie.* München: Verlag C. H. Beck, 1999

Söder, Thomas: *Studien zur deutschen Literatur. Werkimmanente Interpretationen zentraler Texte der deutschen Literaturgeschichte.* Berlin: LIT Verlag, 2008

Süskind, Patrick: *n. n. (Biographische Notiz).* In: *Theater / heute (11),* 1981

Vogt, Jochen: *Aspekte erzählender Prosa. Eine Einführung in Erzähltechnik und Romantheorie.* Opladen: Westdeutscher Verlag, 1990